LE MARIAGE DE JÉSUS

FLORENT VARAK

CLE

© Éditions Clé
2, impasse Morel
69003 Lyon, France
www.editionscle.com

Toutes les citations bibliques sont tirées de la traduction Louis Segond dite « à la Colombe » révisée en 1978 par la Société Biblique Française, sauf si la référence s'accompagne du mot « Semeur » pour signifier qu'il s'agit de La Bible du Semeur éditée en 2000 par la Société Biblique Internationale.

Couverture et mise en page : Damien Gautier

ISBN : 2-906090-67-0
Impression : IMÉAF – 26160 La Bégude-de-Mazenc, France
Dépôt légal : 4e trimestre 2005

LE MARIAGE DE JÉSUS

À Jordan, Mélissa, Émilie

DU MÊME AUTEUR

Chez l'éditeur :
La réincarnation, examen des arguments et perspective biblique
La foi charismatique, évaluation doctrinale

Et en co-édition, participation à l'ouvrage collectif :
La Bible – vrai ou faux ?
71 affirmations passées au crible par 11 auteurs

REMERCIEMENTS

Je ne saurais remercier suffisamment Michel Philippe, directeur des Éditions CLÉ, à l'origine de ce projet. Son amitié et sa compétence m'ont été précieuses et indispensables pour mener à bien ce travail. Son équipe s'est révélée serviable et efficace à souhait.

Oriane, ma sœur, s'est gentiment livrée au jeu du sceptique pour repérer ce qu'elle trouvait incongru ou mal amené.

Merci aussi à Alain Stamp, chargé de communication par la Fédération Évangélique de France. Ses remarques ont rendu l'ouvrage tellement plus lisible. Martine, son épouse, a concédé ce travail sur leur temps de vacances.

J'ai le privilège d'être pasteur d'une église formidable aux multiples compétences. Silvana Tuikalepa, mon assistante, s'est privée de sommeil pour recopier et référencer les citations des livres ou articles que je lui ramenais. Élizabeth Musser, elle-même auteur, m'a prodigué de précieux conseils. Damien Gautier a réalisé avec le professionnalisme artistique dont il est coutumier la couverture et la mise en page.

Merci aussi à ceux et celles qui ont souhaité ou accepté de relire

l'ensemble : Martine Morel, Rémi Vallet, Agnès Klopfenstein. Sans parler des amis qui ont prié pour ce projet, ou qui m'ont simplement accordé la liberté d'y consacrer du temps.
Lori, mon épouse, m'a servi quantité de cafés et a consenti que je sois présent mais absent un bon nombre d'heures de plus que d'habitude !
Leur aide m'a permis de grappiller le temps nécessaire sur un emploi du temps chargé. Toute ma reconnaissance.
L'éditeur souhaite remercier Anne-Cécile, Richard, Élisabeth, Éric, Suzanne et tous les autres pour leur participation.

TABLE DES MATIÈRES

DES JOURNALISTES, DES HISTORIENS ONT TENTÉ D'IDENTIFIER GORGE PROFONDE, LA TAUPE DU WATERGATE (C'ÉTAIT IL Y A 30 ANS).

ILS SE SONT TROMPÉS.

DAN BROWN A LONGUEMENT ENQUÊTÉ SUR LA VIE DU CHRIST (C'ÉTAIT IL Y A 2000 ANS). SON ROMAN S'APPUIERAIT SUR DES FAITS « AVÉRÉS ».

EST-IL FIABLE ?

01

GORGE PROFONDE

C'est l'affaire médiatique la plus fascinante du siècle dernier. Elle contraint le président américain Nixon à démissionner avant que n'aboutisse la procédure de destitution engagée contre lui. C'est l'affaire du Watergate, une histoire de bravoure journalistique, de lutte de pouvoirs, d'intrigue. Un mystère a longtemps défié la perspicacité des enquêteurs et des historiens. Le personnage central est resté plus de trente ans dans l'anonymat. Bien renseigné, cet homme avait communiqué aux journalistes Bob Woodward et Carl Bernstein les données qui leur permettaient de confirmer cette rocambolesque histoire d'espionnage politique. Le public ne connaissait son existence que sous le pseudonyme de Deep Throat (Gorge Profonde).

Au fil des années, les hypothèses les plus farfelues ont été échafaudées pour tenter de démasquer cet espion. La liste des suspects comprend des noms prestigieux: Gerald Ford (Vice Président), Henry Kissinger (ministre du gouvernement Nixon), et même George Bush Senior[1]. Au terme d'une enquête universitaire de quatre années, un professeur de journalisme a limité à six le nombre de coupables potentiels. En 2003, ses étudiants ont livré leurs conclusions dans un salon de l'hôtel Watergate. Pour eux, « plus de doutes, Fred Fielding, l'adjoint de John Dean était "Gorge Profonde" »[2]. Un journaliste, Adrian Havill, « soutenait il y a quelques mois que ce ne pouvait être que George Bush père »[3] (alors ambassadeur des États-Unis aux Nations-Unies).

LES HISTORIENS SE TROMPENT PARFOIS

Seulement voilà, aucun des personnages évoqués n'était la taupe qui avait trahi le Président. Il s'agissait en réalité de l'ancien numéro deux du FBI, Mark Felt. Comme le dit lui-même Havill : « Aujourd'hui, beaucoup d'entre nous ont l'air ridicules ».

Ridicules ?

Quand on a accusé à tort des personnalités de haut rang, on doit se sentir dans ses petits souliers. Difficile de rebondir, de se présenter de nouveau en défenseur de la vérité, d'oser écrire sur d'autres sujets. La crédibilité se perd vite.

Si des enquêteurs sérieux, professionnels, se sont fourvoyés à propos d'événements aussi récents, c'est un appel à la prudence pour ceux qui prétendent modifier l'histoire des siècles passés.

LÉONARD ET LES POLAROÏDS

Dan Brown est l'auteur du best-seller international *Da Vinci Code*. Plus de trente-cinq millions d'exemplaires vendus à travers le monde. Un thriller sur grand écran en 2006. Une douzaine de livres pour et contre. Deux plaintes pour plagiat sont en cours d'instruction[4], à cause des nombreuses similitudes avec les livres de Baigent & Leigh (*L'énigme sacrée*) et de Perdue (*The Da Vinci Legacy*; *Daughter of God*). De quoi occuper encore longtemps les esprits !

Cet ouvrage est un excellent roman d'action. Si l'on peut déplorer le manque de profondeur psychologique des personnages ou la simplicité des énigmes employées, il serait de mauvaise foi d'en rester là. L'auteur fait preuve d'originalité et de finesse dans la succession rapide des scènes qu'il décrit.

LE GRAND SECRET : ON VOUS A TROMPÉ SUR JÉSUS

Son roman débute par le meurtre de Jacques Saunière, conservateur du Louvre et grand maître du Prieuré de Sion, société ésotérique secrète détentrice du secret du Graal : Jésus était marié à Marie-Madeleine, avec qui il eut une fille, Sarah, dont la descendance s'est unie à la dynastie mérovingienne. L'église officielle aurait étouffé cette affaire pour préserver son pouvoir machiste[5] et éviter que ne soit exaltée une spiritualité féministe. Pour ce faire, Constantin a sélectionné ou édité les évangiles qui lui convenaient, imposant lors du Concile de Nicée la liste des livres autorisés à faire partie de la Bible. L'église a dû ternir la réputation de Marie-Madeleine pour en réduire la crédibilité[6]. Elle devint donc une ancienne prostituée. Les Templiers ont découvert ce secret, et voulant le dévoiler, ont été condamnés à mort par le roi Philippe IV le Bel en 1307. Le roman présente la lutte sanglante entre le Prieuré de Sion et l'Église catholique par le biais de l'Opus Dei.

Des preuves de cette histoire du Graal seraient encodées dans divers monuments et œuvres d'art (Louvre, église de Saint Sulpice, etc.). La plus célèbre, celle qui donne son titre au livre de Brown, est la représentation par Léonard de Vinci du dernier repas du Christ avec ses disciples. Affirmant que De Vinci faisait partie des initiés du Prieuré, il tire de ce tableau plusieurs informations :

- Jean, situé à la droite de Jésus, serait plutôt Marie-Madeleine. Le peintre le représente sous des traits efféminés.
- Marie-Madeleine serait en fait le Saint Graal – la prétendue coupe utilisée lors de ce repas, et que la mythologie place dans les mains de Joseph d'Arimathée recueillant le sang du crucifié.
- L'absence de coupe sur la table est considérée par les héros de Dan Brown comme la preuve de leur théorie.

Manifestement, une peinture représentant un événement ayant eu lieu quinze siècles plus tôt n'a pas grand-chose à voir avec une photo d'époque. Mais le mélange rythmé de noms connus, de lieux et d'événements réels avec les inventions du romancier rend difficile, voire impossible, la distinction entre fiction et réalité. Le lecteur perçoit dans cette *Cène* une sorte de preuve des dires de l'auteur.

DAN BROWN REVENDIQUE L'HISTORICITÉ DE SES AFFIRMATIONS

Brown ouvre son roman par un formidable coup médiatique. Le premier chapitre, intitulé « Les Faits », se termine par cette affirmation sulfureuse : « toutes les descriptions de monuments, d'œuvres d'art, de documents et de rituels secrets évoqués **sont avérées** »[7]. Il semble en être profondément convaincu : « l'une des choses que je m'efforce d'incorporer dans mes livres, c'est la dimension de l'apprentissage [...] lorsque vous avez terminé ce livre – que vous l'aimiez ou pas – vous avez appris plein de choses. J'ai dû faire un travail énorme de recherches [pour ce livre]. Ma femme est une historienne de l'art et une fanatique de De Vinci. J'avais donc une longueur d'avance sur ces questions, mais il a fallu que je fasse de nombreux voyages en Europe, que j'étudie au Louvre, et que je réalise des recherches approfondies sur le Prieuré de Sion et sur l'Opus Dei, et sur l'art de De Vinci »[8].

Ce roman se veut donc pédagogique. De façon ludique, il souhaite informer et renseigner sur quelques-uns des sujets les plus spirituels de l'histoire. Pourtant, Dan Brown ne semble pas s'appuyer sur des « Gorges Profondes » pour ses enquêtes. Plusieurs erreurs sont évidentes et faciles à réfuter :

- Le **Prieuré de Sion** est une « légende urbaine », un mythe contemporain. L'association a été créée en 1956 à Annemasse par Pierre Plantard, humble fils d'un valet de chambre. Il a conçu toutes les pièces de son imposture, déposant une *Généalogie des rois mérovingiens* à la Bibliothèque Nationale. Un document que Dan Brown a retrouvé sur Internet ! La saga Plantard s'achève en 1993 par le sérieux avertissement du juge d'instruction Thierry Jean-Pierre, qui découvre à son domicile « des documents certifiant que [Plantard] est le vrai roi de France ». Admettant son imposture, l'escroc cessera toute velléité de réactiver cette association[9].

- **Jean ou Marie-Madeleine** : Le visage de Jean sur la peinture de De Vinci reflète son jeune âge. Ce n'est pas Marie-Madeleine ! De nombreuses peintures de l'époque le présentent comme un disciple sans barbe[10]. Thierry Frey ajoute : « Il faut également rappeler que Léonard (vraisemblablement homosexuel) avait naturellement tendance à représenter l'archétype de la beauté masculine de façon efféminée »[11]. Le spécialiste de l'art de la Renaissance à Oxford, le Dr Henry, remarque : « le *Da Vinci Code* nous permet de montrer aux étudiants quel chemin éviter dans l'étude de l'histoire de l'art »[12].
- **Jéhovah et le nom de Dieu**. Un étudiant en première année d'hébreu saurait réfuter ce que Dan Brown fait dire du nom sacré de Dieu – le tétragramme hébraïque YHWH : « un dérivé de *Jéhovah* qui traduit l'union physique du masculin *Jah* et du nom pré-hébraïque d'Ève, à savoir *Hava* »[13]. Dan Brown est piètre linguiste ! « Jéhovah » est une mauvaise lecture de l'hébreu, et le tétragramme est à rapprocher du verbe être : le nom de Dieu signifie « Il est » (indiquant son éternité) ou la constance de son être « Il sera ».

LES RECHERCHES DE DAN BROWN LAISSENT À DÉSIRER

D'OÙ VIENT « JÉHOVAH » ?

Jéhovah (ou Yéhowah) provient de la juxtaposition des consonnes originales du nom de Dieu (l'hébreu n'a pas de voyelles). Ce nom s'épelle YHWH. Comme ce nom était sacré, les Juifs n'avaient pas le droit de le prononcer. Ils avaient pris l'habitude de prononcer le mot *Adonaï*, qui veut dire Seigneur. Lorsque les sages du judaïsme introduisirent des signes de prononciation au-dessus et au-dessous des consonnes, ils placèrent les voyelles d'Adonaï pour indiquer aux lecteurs qu'il ne fallait pas prononcer le nom sacré, mais plutôt « Adonaï ». Les règles précises d'interaction des lettres ont donné les voyelles EOA. Ainsi, YHWH + EOA = Yehowah (ou Jéhovah) ! Prononcer Jéhovah est l'erreur élémentaire d'une personne qui ne connaît pas l'hébreu.
Rien à voir avec une quelconque union sacrée entre un principe masculin et féminin.

Il faut donc prendre avec beaucoup de scepticisme les affirmations de Dan Brown. Ses recherches ne sont pas rigoureuses. De nombreuses approximations et extrapolations émaillent les théories de l'auteur.

Certes, le débat sur la peinture de De Vinci ne change pas beaucoup notre quotidien. Néanmoins il concerne un domaine où il est important de savoir à quoi s'en tenir.

DE TELLES ERREURS SUR DES SUJETS SIMPLES ET RÉCENTS JETTENT LE DISCRÉDIT SUR LE RESTE

LES MALHEURS D'ANDRÉ POISSON

André Poisson a perdu beaucoup d'argent. C'est l'un des plus gros ferrailleurs de France. En ce beau mois de mai 1925, il se rend au prestigieux hôtel Crillon, place de la Concorde à Paris, à l'invitation du Directeur général du Ministère des Postes et Télégraphes. L'affaire est confidentielle : le gouvernement souhaite se défaire de la tour

Eiffel, dont le coût d'entretien lui paraît prohibitif. Il s'agit de rester discret, car la nouvelle serait politiquement malvenue. Ils sont cinq en compétition, et l'affaire revient à André Poisson. Il s'entend dire que tout contrat de ce type exige une « enveloppe » pour le serviteur de l'État – ce qui était fréquent à l'époque.

André Poisson ignore alors qu'il a devant lui Victor Lustig, un des escrocs les plus habiles de son temps. En toute bonne foi, il lui « achète » la tour Eiffel, ajoutant un pourcentage en liquide non négligeable. Le paiement encaissé, Lustig disparaît. Il ne paiera jamais ce crime. Pour d'autres, il terminera sa vie à Alcatraz. Mais M. Poisson, trop honteux d'y avoir cru, n'a jamais réclamé compensation. Il n'a pas osé porter plainte. Plus crédule qu'André…

Triste de perdre autant !

L'ENJEU DE CE QUE L'ON CROIT DE DIEU EST **ÉTERNEL**

Je vous suggère un parallèle avec l'évangile : croire ce qu'une personne dit de Jésus-Christ a des conséquences solennelles. Supérieures à la perte d'une fortune. L'enjeu de ce que l'on croit de Dieu est éternel.

DES FAITS À LA FOI

Je crois en Jésus. Une partie de ce que je crois est précisément cela – une croyance, une espérance, une foi, une assurance. Il est des vérités spirituelles que j'ai intégrées « par la foi ». Une autre partie de ma foi est factuelle, historique, événementielle. Croire est un choix qui lie le fait à son sens, et que l'on intègre à sa vie. Une démarche personnelle où Dieu est cru et invité au centre de son existence.

En tant que chrétien, je crois que Christ est Dieu venant proposer la Vie – une vie intérieure, profonde et éternelle. Cette espérance repose sur ces deux aspects :

- L'assurance que les *faits* sont véridiques. Luc commence ainsi son évangile : « Plusieurs personnes ont entrepris de composer un récit des événements qui se sont passés parmi nous, d'après les rapports de ceux qui en ont été les témoins oculaires depuis le début et qui sont devenus des serviteurs de la Parole de Dieu. J'ai donc décidé à mon tour de m'informer soigneusement sur tout ce qui est arrivé depuis le commencement, et de te l'exposer par écrit de manière suivie, très honorable Théophile » (Luc 1:1-4, Semeur). Les faits de la Bible sont avérés.
- Jean donne à ces faits un sens. Il termine son évangile ainsi : « ceci est écrit afin que vous croyiez que Jésus est le Christ, le Fils de Dieu, et qu'en croyant, vous ayez la vie en son nom » (Jean 20:31).

CROIRE AU CHRIST DE DAN BROWN ?

Ainsi, Dieu propose une vie. Elle dépend d'une juste compréhension de qui est le Christ, et d'une confiance que la Bible dit vrai. En contradiction complète avec les thèses sous-jacentes au *Da Vinci Code* qui présente le Nouveau Testament comme un tissu de faux témoignages[14].

Je vous invite à une exploration des informations données sur le Christ. Éprouvez les *faits* de la foi chrétienne cités dans la Bible pour en déduire le *sens*. Si vous devez choisir entre Dan Brown et l'évangile, autant être bien informé.

DAN BROWN DIT :

JÉSUS ÉTAIT MARIÉ À MARIE-MADELEINE.

JÉSUS ET MARIE-MADELEINE
ONT EU DES ENFANTS QUI SE SONT LIÉS
AUX MÉROVINGIENS.

CE SECRET MENACERAIT L'ÉGLISE
(TRÈS MACHISTE) ET LE CHRISTIANISME
(À LA MORALE AUSTÈRE).

02

ENCEINTE DES MÉROVINGIENS

Voici le grand secret qui menacerait le christianisme, selon les héros de Dan Brown :

> « – *Tout cela est certes très étrange, objecta Sophie, mais je ne pense pas qu'on puisse pour autant en déduire que le Christ était marié avec Marie-Madeleine…*
>
> *– On ne peut certes pas le prouver, répliqua Teabing en se dirigeant vers une table encombrée de livres. Comme je vous l'ai dit, il s'agit d'une déduction historique. (Il se mit à feuilleter un gros volume.) Un Jésus marié est beaucoup plus vraisemblable qu'un Jésus célibataire.*
>
> *– Pourquoi ?*
>
> *– Parce qu'il était juif, dit Langdon, et que la société juive de son époque proscrivait, dans les faits, le célibat. Il était condamné par la coutume et tout père juif se devait de trouver une femme qui convienne à son fils. Si Jésus n'avait pas été marié, on en trouverait mention au moins dans l'un des quatre évangiles, accompagnée d'une explication de son statut si peu conventionnel.* […]

La légende du Saint Graal est celle du sang royal – le Sang réal. Lorsqu'il y parle du "Calice qui contient le sang du Christ", c'est pour évoquer Marie-Madeleine, qui portait en elle la lignée royale de Jésus. [...] Et voilà, clama Teabing, comment l'Église a réussi la plus grande opération de désinformation de toute l'histoire de l'humanité. Jésus n'était pas seulement marié, il était père ! Marie-Madeleine était véritablement le Vase sacré, porteuse du fruit d'une union royale ! Elle était dépositaire de la lignée. »[15]

JÉSUS, MARIÉ À MARIE-MADELEINE ?

PRETTY WOMAN

Lui, c'est Edward Lewis (Richard Gere). Un homme d'affaires en proie à quelques soucis. Il embauche pour une semaine une prostituée (Julia Roberts) pour qu'elle l'accompagne aux différents galas que sa fonction rend obligatoires. Voilà qu'ils tombent amoureux... pour devenir, bien entendu, très heureux.

Bon. C'est Hollywood...

Succès garanti, quand on concilie sensualité et sérieux. C'est un peu le rêve fantasmatique des mâles : une femme belle comme Marilyn, plus doucereuse que Madonna, intelligente comme Marie Curie, généreuse comme Sœur Emmanuelle, aussi compétente que Claudie Haigneré, plus dure que Thatcher. Une femme idéalisée par Sardou et Delanoë...

« *Femme des années quatre-vingt, mais femme jusqu'au bout des seins ayant réussi l'amalgame de l'autorité et du charme...*

Femme cinéaste écrivain, à la fois poète et mannequin, femme panthère sous sa pelisse, être femme banquière planquée en Suisse… Femme dévoreuse de minets, femme directeur de cabinet, à la fois sensuelle et pudique, et femme chirurgien esthétique. »[16]

Ce mélange d'opposés fascine. Tous les attributs de la féminité en pleine floraison ! Il manque juste à ce portrait un ingrédient qui était, jadis, une qualité : la spiritualité. Ce serait cela, *la* femme : spirituelle mais sensuelle, sérieuse mais souriante, tendre mais rigoureuse, maternelle quoique séduisante. Cette Femme, depuis le VIIe siècle, est incarnée par Marie-Madeleine, dont les descriptions sont aujourd'hui fort éloignées des données bibliques : présentée sous les traits d'une prostituée repentie, elle serait devenue l'une des proches du Christ, peut-être même son épouse !

UNE FEMME ATTENTIONNÉE

Elle porte le nom le plus commun du Nouveau Testament, Marie. Son épithète désigne sûrement son origine, le village de Magdala, sur la rive sud-ouest de la mer de Galilée. Une bourgade de mauvaise réputation. De nombreuses grottes fournissaient un repère idéal aux brigands de toute sorte. Plusieurs traditions juives attribuent à ce village des pratiques sulfureuses : prostitution, magie, débauche… Une sorte de Bronx de l'époque. C'est peut-être à cause de cela qu'on la désigne parfois comme une ancienne prostituée.

MARIE-MADELEINE = MARIE-MAGDELEINE = MARIE-MAGDALA

C'est aussi parce que sa présentation dans les évangiles suit de très près le récit de la conversion bouleversante d'une femme pécheresse qui était, elle, une prostituée. Cette dernière exprime envers le Christ la plus tendre reconnaissance en couvrant de larmes les pieds de Jésus (Luc 7:36-50).

À la suite de cet événement, Luc résume le ministère itinérant du Christ, et introduit Marie :

> *« Ensuite, Jésus allait de ville en ville et de village en village ; il prêchait et annonçait la bonne nouvelle du royaume de Dieu. Les douze étaient avec lui, et quelques femmes qui avaient été guéries d'esprits mauvais et de maladies : Marie, appelée Madeleine, de qui étaient sortis sept démons, Jeanne, femme de Chuza, intendant d'Hérode, Suzanne, et plusieurs autres qui les assistaient de leurs biens » (Luc 8:1-3).*

LA POSSESSION SELON LA BIBLE

Sept démons sont sortis de Marie-Madeleine. Selon le Nouveau Testament, les démons peuvent susciter une profonde détresse : tourment cruel (Matthieu 15:22), instinct suicidaire (Matthieu 17:15 et suiv.), dédoublement de personnalité (Luc 4:33 et suiv.), force exceptionnelle, agressivité et comportement asocial (Luc 8:26 et suiv.), ou certaines maladies (mutisme, Matthieu 9:32 ; cécité, Matthieu 12:22 ; convulsion, Luc 9:39 ; etc.).

Mais la Bible distingue les maladies physiologiques de celles qui ont une origine démoniaque (ex. Matthieu 4:24 ; 8:16). Observer ces symptômes chez un individu ne signifie donc pas qu'ils ont une origine démoniaque ! Un tel discernement est unique à Christ et à ses apôtres. Ajoutons qu'une personne qui vient à Christ est libre du contrôle de ces démons (Colossiens 1:13 ; 2 Timothée 2:25-26 ; 1 Jean 4:4).

On ne sait rien de plus sur la manière dont était troublée Marie-Madeleine. Après cette brève introduction, il est parlé d'elle au moment de la crucifixion :

> *« Il y avait là plusieurs femmes qui regardaient de loin : celles-là même qui avaient accompagné Jésus depuis la Galilée, pour le servir. Parmi elles étaient Marie-Madeleine, Marie, mère de Jacques et de Joseph et la mère des fils de Zébédée » (Matthieu 27:55-56).*

Tous les apôtres ont fui, Pierre le premier. Ces femmes sont là ! Leur courage se manifeste encore lorsqu'elles suivent Joseph d'Arimathée qui recueille le corps du Christ pour le placer dans un tombeau. Matthieu rapporte : « Il y avait là Marie de Magdala et l'autre Marie, assises en face de la tombe » (Matthieu 27:61). Un dévouement qui les poussera à revenir pour embaumer le corps. En voici le récit intégral, signé de l'apôtre Jean :

> « *Le dimanche matin, très tôt, Marie de Magdala se rendit au tombeau. Il faisait encore très sombre. Elle vit que la pierre fermant l'entrée du sépulcre avait été ôtée de devant l'ouverture. Alors elle courut prévenir Simon Pierre et l'autre disciple, celui que Jésus aimait.*
> *– On a enlevé le Seigneur de la tombe, leur dit-elle, et nous n'avons aucune idée de l'endroit où on l'a mis.*
> *Pierre sortit donc, avec l'autre disciple, et ils se rendirent tous deux au tombeau. Ils couraient tous les deux ensemble, mais l'autre disciple, plus rapide que Pierre, le distança et arriva le premier au tombeau. En se penchant, il vit les linges funéraires par terre, mais il n'entra pas. Simon Pierre, qui le suivait, arriva alors. Il entra dans le tombeau, vit les linges qui étaient par terre, et le linge qui avait enveloppé la tête de Jésus, non pas avec les linges funéraires, mais enroulé à part, à sa place. Alors l'autre disciple, celui qui était arrivé le premier, entra à son tour dans le tombeau. Il vit, et il crut. En effet, jusque-là ils n'avaient pas encore compris que Jésus devait ressusciter d'entre les morts, comme l'avait annoncé l'Écriture. Les deux disciples s'en retournèrent alors chez eux.*
> *Pendant ce temps, Marie se tenait dehors près du tombeau, et pleurait. Tout en pleurant, elle se pencha vers le tombeau : elle vit deux anges vêtus de blanc, assis à l'endroit où le corps de Jésus avait été déposé, l'un à la tête et l'autre aux pieds. Ils lui dirent :*
> *– Pourquoi pleures-tu ?*
> *– On a enlevé mon Seigneur, leur répondit-elle, et je ne sais pas où on l'a mis.*
> *Tout en disant cela, elle se retourna et vit Jésus qui se tenait là, mais elle ne savait pas que c'était lui.*
> *– Pourquoi pleures-tu ? lui demanda Jésus. Qui cherches-tu ?*
> *Pensant que c'était le gardien du jardin, elle lui dit :*

– Si c'est toi qui l'as emporté, dis-moi où tu l'as mis, pour que j'aille le reprendre.
Jésus lui dit : – Marie !
Elle se tourna vers lui et s'écria en hébreu :
– Rabbouni (ce qui veut dire : Maître) !
– Ne me retiens pas, lui dit Jésus, car je ne suis pas encore monté vers le Père. Va plutôt trouver mes frères et dis-leur de ma part : je monte vers mon Père qui est votre Père, vers mon Dieu qui est votre Dieu.
Marie de Magdala alla donc annoncer aux disciples :
– J'ai vu le Seigneur !
Et elle leur rapporta ce qu'il lui avait dit »
(Jean, chapitre 20, versets 1 à 18, Semeur).

MARIE-MADELEINE LAISSE LE SOUVENIR D'UNE FEMME DÉVOUÉE

Marie-Madeleine démontre ainsi qui elle est : une femme reconnaissante, dévouée et courageuse. À ceux qui prétendent que le christianisme est sexiste et machiste, il faut opposer que l'apôtre Pierre ne lui est pas arrivé à la cheville : lui a renié Christ, quand Marie-Madeleine et ses consœurs ont été fortes dans leur foi et dans leur amour envers le Christ. C'est à des femmes qu'a été confiée la plus belle nouvelle de tous les temps : celle de la résurrection de Jésus !

La Bible ne mentionne plus Marie-Madeleine. « La suite de son histoire est inconnue » explique le *Nouveau Dictionnaire Biblique*[17]. Il aurait été préférable d'en rester là.

SUPER STAR

Mais voilà. Nous sommes au VIIe siècle. En deux sermons, le pape Grégoire le Grand fait naître un mythe. Il réunit les deux histoires de l'Évangile selon Luc (Luc 7:36-50 & 8:1-3), faisant de Marie-Madeleine et de la prostituée repentante un seul et même personnage. Selon Régis Burnet, auteur d'un excellent ouvrage sur Marie-Madeleine, il est clair que ce pape est motivé par des considérations politiques et religieuses :

> *« Grégoire le Grand veut donner un visage à l'Église de son temps. Replaçons-nous dans le contexte : à la fin du VIe siècle, les invasions touchent à leur fin et les barbares sont installés un peu partout dans l'ancien empire romain. Tous ne sont pas chrétiens, loin s'en faut. Pour être fidèle à sa mission, il convient que l'Église procède à une vaste opération d'évangélisation. Grégoire choisit un héraut pour cette entreprise : une Église de paix qui entretient une relation amoureuse avec le Christ, à l'image de Marie-Madeleine. Qui mieux que l'ancienne pécheresse peut symboliser le pardon et la réconciliation, après ces temps troublés où chacun a passé son voisin au fil de l'épée ? »*[18]

Il faudra attendre 1969 pour que l'Église catholique publie « un discret démenti et indique que Marie-Madeleine n'était pas une femme perdue »[19]. Pendant toute cette période, Marie-Madeleine figure dans de nombreuses légendes contradictoires.

MARIE-MADELEINE EST DEVENUE UNE SEMI-DIVINITÉ

Pour les uns épouse de Christ[20], pour les autres l'auteur possible de l'Évangile selon Jean[21], ou même un membre à part entière de l'équipe apostolique[22]. On retrouve ses ossements un peu partout dans le monde. À Éphèse tout d'abord, mais aussi à Verdun, St-Maximin et Vézelay. Elle aurait rejoint cette bourgade « après un séjour à Aix-en-Provence où elle se serait retirée "sur une montagne escarpée, servie durant trente ans par les anges qui, sept fois par jour, l'emportaient au ciel, au-dessus du Pilon" »[23]. Sûr ! On a même supposé que les chrétiens venus d'Éphèse avaient apporté ses restes qui reposeraient à Lyon, sur une colline au sud de Fourvière. L'engouement pour Marie-Madeleine est tel qu'un ordre mystique « se fixe une tâche ambitieuse : rien de moins que de restaurer en elle l'éternel féminin, et de construire une nouvelle trinité, avec Dieu, Jésus et Marie-Madeleine »[24].

Mais là, nous avons quitté le terrain de l'histoire.

JÉSUS MARIÉ ?

L'idée que Jésus et Marie-Madeleine aient été intimes apparaît pour la première fois dans un écrit du IVe siècle, intitulé *l'Évangile selon Philippe* (ce texte, qui ne fait pas partie de la Bible, sera analysé en détail dans le prochain chapitre). De temps à autre, cette idée resurgit. On la retrouve dans le film de Scorsese *La dernière tentation du Christ* (1988) et dans plusieurs livres récents. Chaque fois, ces auteurs pensent que cette révélation serait dévastatrice pour le christianisme.

Il n'en est rien. Un Jésus marié n'amoindrirait pas sa grandeur. Son mariage ne serait pas un secret « honteux » qu'il faudrait cacher aux foules crédules. La Bible parle de la femme de l'apôtre Pierre (Matthieu 8:14) et de celles des autres apôtres (1 Corinthiens 9:5). Mais pas de celle de Jésus. Si je ne crois pas que Jésus ait été marié, c'est parce que ni les témoins oculaires de la vie du Christ, ni ses opposants, n'ont *jamais* évoqué son épouse, ni parlé de ses enfants.

> **UN JÉSUS MARIÉ NE GÊNERAIT PAS LE CHRISTIANISME ; IL N'Y AURAIT AUCUNE RAISON D'EN FAIRE UN SECRET.**

C'EST MORALEMENT POSSIBLE

La morale ne s'oppose en rien à la possibilité d'un mariage de Jésus. La Bible présente le Christ comme « Dieu devenu homme ». Il a pris chair humaine (Jean 1:14), il a quitté sa gloire pour devenir semblable aux hommes (Philippiens 2:5-11). En sorte que Jésus est pleinement homme, et pleinement Dieu. Une double nature, humaine et divine.

Son humanité est évidente, à la lecture des évangiles. Il est né d'une femme, a grandi comme tout homme, a éprouvé la faim, la soif et la fatigue. Il a connu des moments de grande joie, de grande tristesse. Il dormait, comme tout homme. Il a vécu la peur, l'angoisse, la douleur, la tentation. Il a manifesté une volonté propre. Dans sa relation avec son Père, Dieu le Fils a prié comme un homme. L'un des titres les plus significatifs par lequel il s'est désigné est « Fils de l'homme ».

Fort de cette double nature, Jésus a parfois agi selon sa nature divine, lorsqu'il multiplie les pains, ou ressuscite un mort. Il a parfois agi selon sa nature humaine, en pleurant avec ceux qui étaient sans espoir, ou en chassant les vendeurs du temple.

NI LE MARIAGE, NI LES RELATIONS SEXUELLES D'UN COUPLE MARIÉ, NE SONT DES PÉCHÉS

Pleinement homme, Jésus aurait eu légitimement le *droit* de se marier, le *droit* d'avoir des relations sexuelles avec son épouse et le *droit* d'avoir des enfants. Aucune de ces trois activités n'est entachée de péché dans la Bible (cf. « Dieu et la sexualité » ci-après). Son mariage aurait été salué par les auteurs de la Bible comme un moment heureux qui n'aurait pas besoin d'être caché.

MAIS… C'EST HISTORIQUEMENT ERRONÉ

Si les chrétiens ne croient pas que Jésus se soit marié, ce n'est pas parce que le Vatican a comploté pour cacher la vérité. C'est plutôt parce qu'un tel mariage n'a aucun fondement historique.

Da Vinci Code fait dire à son expert que les juifs trentenaires *devaient* être mariés. C'est une affirmation gratuite, et nous savons qu'une branche du judaïsme, les esséniens[25], ne voyaient aucun mal au célibat. C'est ce que souligne Frédéric Lenoir, directeur de la rédaction du *Monde des Religions* lors d'une interview accordée au *Nouvel Observateur*[26] :

> «*N. O. – Le célibat de Jésus a, en revanche, été discuté.*
>
> *F. Lenoir. – Oui, mais jamais sérieusement infirmé. Dan Brown ressort un argument pertinent : à l'époque de Jésus, tous les juifs trentenaires se devaient d'être mariés. Sauf – oublie-t-il de dire – chez les esséniens, cette communauté juive contemporaine de Jésus qui prônait la chasteté et le célibat, comme le rapportent les manuscrits de Qumran, retrouvés près de la mer Morte en 1947. Brown, d'ailleurs, cite Qumran, mais pour écrire une énormité. À savoir qu'ils révéleraient le mariage de Jésus. Or ces textes ne parlent que de la Bible hébraïque et des esséniens et ignorent totalement le Christ et la littérature chrétienne !*»

Le mariage n'était donc pas une *obligation* pour tout Juif de trente ans, comme le prétend Dan Brown. D'autre part, il n'existe pas le moindre indice historique en faveur de cette hypothèse. Un expert de la Bible observe :

> «*J'ai dans mon bureau trente-huit volumes rassemblant les documents de l'Église primitive, chacun composé de plusieurs centaines de pages de deux colonnes, écrits en petits caractères. Que de cet amas on ne tire que deux indices qui puissent être mis en avant comme des traces anciennes de cette théorie montrent à quel point elle est tellement improbable.*»[27] *[Ces traces seront analysées dans le prochain chapitre, N.D.A.]*

L'apôtre Paul rappelle à l'église de Corinthe que les serviteurs de Dieu ont le droit de se marier : « N'avons-nous pas le droit d'emmener avec nous une sœur qui soit notre femme, comme font les autres apôtres, et les frères du Seigneur, et Céphas ? » (1 Corinthiens 9:5). Il cite l'exemple de l'apôtre Pierre (Céphas en araméen) pour valider son propos. Il aurait cité celui de Jésus, beaucoup plus probant pour étayer sa thèse, si le Christ avait été marié[28].

AUCUNE TRACE D'UN MARIAGE ENTRE JÉSUS ET MARIE-MADELEINE

Si Jésus n'a jamais exigé le célibat de ses apôtres, il reconnaît que certains feront ce choix « à cause du royaume des cieux » (Matthieu 19:12). Il est légitime qu'il se soit consacré à sa mission sans se marier. Lui qui a quitté le ciel pour mourir sur une croix, n'avait pas pour projet de fonder une famille.

La balance des arguments penche nettement du côté d'un Christ célibataire.

DIEU ET LA SEXUALITÉ

Derrière cette idée de complot pour taire un supposé mariage du Christ se cache un malentendu : la Bible enseignerait que la sexualité est mauvaise. Elle ne serait qu'une sorte de tare nécessaire à la procréation. Il est fréquent d'entendre dire que la Bible écrase de culpabilité le plaisir sexuel. C'est mal connaître le livre sacré des chrétiens.

Après avoir créé l'homme et la femme, Dieu déclare : « l'homme quittera son père et sa mère et s'attachera à sa femme, et ils deviendront une seule chair » (Genèse 2:24). Devenir une seule chair inclut l'union des corps. Ces propos sont tenus dans le jardin d'Éden, dans un monde pur qui n'avait pas encore été souillé par l'égoïsme et le péché. Dans ce monde créé par Dieu, cette intimité était non seulement permise, mais fondatrice de cette harmonie du couple.

Après la rupture des relations entre Dieu et les hommes (cf. Genèse chap. 3), la Bible continue de décrire la sexualité du couple comme normale, bénéfique et nécessaire à son équilibre – même en l'absence de procréation. Jugez plutôt :

- Abimélek était roi des Philistins. Isaac lui avait menti en disant que sa femme était sa sœur. Le roi se sentit donc la liberté de l'épouser. Avant la célébration du mariage, Abimélek eut la désagréable surprise de comprendre qu'il avait été trompé : « il arriva qu'Abimélek, roi des Philistins, regardant par la fenêtre, vit **Isaac qui badinait avec sa femme Rébecca.** Abimélek fit appeler Isaac et dit : C'est donc ta femme ! Comment as-tu pu dire : c'est ma sœur ? »[29] (Genèse 26:8-9). Isaac « badinait » avec sa femme Rébecca. Ce verbe est traduit ailleurs par « rire » ou « jouer ». Manifestement, Isaac et Rébecca ne jouaient pas au Lego, puisqu'Abimélek en conclut qu'ils étaient mariés… La sexualité est une expression légitime du couple, pour son bonheur !

- La Bible honore la beauté des rapports sexuels de l'union conjugale. Au point qu'on trouve dans la Loi de Dieu des instructions touchantes : « Lorsqu'un homme sera nouvellement marié, il ne partira pas à l'armée, et on ne lui imposera aucune charge ; il sera exempté pour raison de famille pendant un an et **il réjouira la femme qu'il aura prise** »[30] (Deutéronome 24:5). Le verbe « réjouir » est traduit ailleurs par rendre heureux, donner de la joie, faire triompher. Cela inclut ici le plaisir et la joie uniques au couple marié.
- Le livre des Proverbes encourage la jouissance sensuelle du couple : « que ta source soit bénie, et **fais ta joie de la femme de ta jeunesse**, biche des amours, gazelle pleine de grâce : **sois en tout temps enivré de ses charmes, sans cesse épris de son amour**. Ainsi pourquoi, mon fils, serais-tu épris d'une courtisane et embrasserais-tu le sein d'une inconnue ? »[31] (Proverbes 5:18-19). Difficile d'être plus explicite.

LA SEXUALITÉ : UNE INVENTION GÉNIALE DU CRÉATEUR

- Un livre entier de l'Ancien Testament décrit poétiquement la romance et le mariage d'un couple. Beaucoup de sensualité se dégage du texte – voir l'extrait proposé dans l'encadré.
- Non seulement la joie sexuelle du couple marié est légitime, mais le Nouveau Testament propose qu'elle soit régulière : « Que le mari accorde à sa femme ce qu'il lui doit et que la femme agisse de même envers son mari. Car le corps de la femme ne lui appartient plus, il est à son mari. De même, le corps du mari ne lui

appartient plus, il est à sa femme. **Ne vous refusez donc pas l'un à l'autre.** Vous pouvez, certes, en plein accord l'un avec l'autre, renoncer pour un temps à vos relations conjugales afin de vous consacrer davantage à la prière, mais après cela, reprenez vos rapports comme auparavant. Il ne faut pas donner à Satan l'occasion de vous tenter par votre incapacité à dominer vos instincts »[32] (1 Corinthiens 7:3-5, Semeur).

► Citons enfin les critères que l'apôtre Paul donne à Timothée pour choisir des évêques, c'est-à-dire les cadres ou les surveillants des églises : « il faut donc que l'évêque soit irréprochable, mari d'une seule femme » (1 Timothée 3:2). Le mariage des évêques n'est pas un péché. Ce n'est qu'avec le temps et des traditions étrangères à la Bible que le célibat des prêtres est devenu obligatoire. Un homme marié n'est pas moins spirituel.

UN LIVRE ENTIER DE LA BIBLE EST CONSACRÉ À L'AMOUR DU COUPLE. EXTRAITS...

« Que tu es belle, ô mon amie,
que tu es belle ! Tes yeux ressemblent
à des colombes dessous ton voile,
ta chevelure est comme un troupeau
de chèvres aux flancs du mont Galaad...
Comme deux faons, sont tes deux seins,
comme deux jeunes gazelles qui sont
jumelles et qui vont paître parmi les lis.
Quand viendra la fraîcheur avec
la tombée du jour, et quand les ombres
s'estomperont, je m'en irai vers
la montagne de myrrhe, vers la colline
encensée. Que tu es belle, ô mon amie,
tu es parfaitement belle, sans
un défaut... Tu me fais perdre le sens,
ô toi, ma sœur, ma fiancée, tu me fais
perdre le sens par un seul de tes regards,
par un seul de tes joyaux suspendu
à tes colliers. Ton amour est délicieux
ô toi, ma sœur, ma fiancée, oui,
ton amour exalte plus que le vin
et la senteur de tes parfums exalte plus
que tous les baumes. Tes lèvres,
ma fiancée, distillent un nectar pur, et,
sous ta langue, coulent du miel
et du lait, et le parfum de tes habits est
tout pareil à la senteur du Liban.
Tu es un jardin bien clos, ô toi,
ma sœur, ma fiancée. Tu es une source
close, une fontaine scellée. Tes rameaux
sont un verger, un verger de grenadiers
portant les fruits les meilleurs : le henné
avec le nard, le nard avec le safran
et la cannelle odorante, le cinnamome,
et toutes sortes d'arbres donnant
de l'encens, de l'aloès et de la myrrhe,
et les plus fins aromates. Tu es la source
des jardins, un puits d'eaux vives,
d'eaux ruisselant du Liban. Éveille-toi,
Aquilon ! Accours, Autan ! Viens
souffler sur mon jardin, pour que ses
parfums s'exhalent ! Que mon bien-aimé
pénètre dans son jardin et qu'il en goûte
les fruits exquis »
(*Cantique des Cantiques*, chapitre 4,
Semeur).

**L'AMOUR « PLATONIQUE »
VIENT DES GRECS. PAS DE LA BIBLE.**

Ni le mariage, ni la sexualité du couple ne sont envisagés sous l'angle du péché. Jésus n'aurait pas péché, s'il s'était marié. Jésus n'aurait pas péché s'il avait eu les rapports normaux d'un couple. Il n'aurait pas péché en ayant des enfants.

LE TUNNEL TRANSATLANTIQUE

3 juin 2005. Après quelques jours de réunion à Paris, j'arrive à Marseille pour une conférence sur les nouvelles spiritualités. J'ai un peu hâte de rentrer chez moi le lendemain. À la gare, des hôtesses distribuent un prospectus : « Construction du tunnel transatlantique, bientôt Paris – New York en train en 8 heures ». Surprenant. La lecture est convaincante, avec les photos d'un patron, du tunnelier…

Canular ? Je me souviens pourtant avoir consulté un site Internet qui faisait la promotion du projet… Il me faut quelques minutes pour découvrir qu'il s'agissait en fait d'une accroche publicitaire. La publicité était bien faite : elle captait l'attention du lecteur pour la faire aboutir sur l'agence de voyage, voyages-sncf.com. Bien vu, les publicistes !

LE MARIAGE DE JÉSUS, C'EST UN COUP DE PUB

Le tunnel transatlantique, c'est comme le mariage de Jésus et de Marie-Madeleine. C'est une bonne opération de publicité. Celle des éditeurs qui apprécient toujours les coups médiatiques. Celle des sociétés ésotériques qui recherchent les moyens de crédibiliser leurs spiritualités en récupérant des personnages éminents, comme Jésus de Nazareth. Mais c'est au prix du mensonge.

DAN BROWN DIT :

LES 4 ÉVANGILES DE LA BIBLE ONT ÉTÉ IMPOSÉS PAR CONSTANTIN.

76 ÉVANGILES ONT ÉTÉ ÉCARTÉS.

L'ÉVANGILE DE PHILIPPE PROUVE LE MARIAGE DE JÉSUS ET DE MARIE-MADELEINE.

03

PHILIPPE LES A VUS S'EMBRASSER

Étiez-vous pour ou contre la seconde guerre en Irak ? Cette question a provoqué une passion que j'ai rarement observée. Elle suscitait la peur d'un embrasement mondial. Elle révélait l'amitié ou le mépris des gens pour l'Amérique. Elle jouait sur la peur du terrorisme. Rares étaient les personnes sans opinion ! Au centre des débats, ces fameuses armes de destruction massive. Certains rapports faisaient état de leur présence au cœur de l'Irak, d'autres en niaient l'existence même. D'autres encore affirmaient qu'elles avaient été cachées dans des pays voisins.

En me rendant au bureau, j'écoutais des radios aussi diverses qu'Europe 1, Radio Judaïca, Radio Salem ou France-Info. C'était fascinant. Chaque radio avait des sources différentes qui menaient à des analyses différentes. Il était très difficile de se faire une opinion précise. Ajoutez à cela la subjectivité personnelle des analystes, et vous étiez devant une pléthore d'opinions incompatibles. Des sources différentes, des avis différents…

Il en va de même des conceptions au sujet de Jésus. La notion de sources, de référentiel est fondamentale pour la foi : pourquoi quatre évangiles font-ils partie de la Bible – pourquoi pas cinq ? Qui a présidé au choix des livres de la Bible ? Qui a l'autorité pour dire si Dieu porte des vêtements verts, ou s'il est amour ou colère ? Au nom de quelle autorité une église a-t-elle pris les armes pour conquérir Jérusalem, brûler des hérétiques, ou raser des villes entières ? La parole d'un homme ? La décision d'un concile ? Des documents écrits ? Lesquels ?

LES ÉVANGILES ET LES LIVRES DE LA BIBLE

Évangile vient d'un terme grec qui veut dire « bonne nouvelle ». Il désigne deux choses : le message central du christianisme (cf. dernier chapitre de ce livre) et les quatre premiers livres du Nouveau Testament (ils relatent chacun à sa manière une partie de la vie de Jésus-Christ).

La Bible se compose de deux parties : l'Ancien Testament (qui correspond à la Bible juive) et le Nouveau Testament, qui contient :

> 4 **évangiles** (écrits par Matthieu, Marc, Luc et Jean). Ils couvrent approximativement les 30 à 35 premières années du Ier siècle, allant de la naissance à la mort et la résurrection du Christ.

> 1 **récit** de ce que les apôtres ont fait après la mort du Christ : *Les actes des apôtres.* Ce livre raconte les trois premières décennies de la vie de l'Église (de 30 à 60 apr. J.-C. environ).

> 21 **lettres** écrites par des apôtres ou leurs proches, adressées à des églises ou des individus.

> 1 livre de **conclusion**, le célèbre *Apocalypse*, qui est surtout une révélation (selon l'étymologie du titre) de Jésus-Christ et de son triomphe ultime, un jour, sur l'histoire et la violence des hommes.

Le mot **canon** désigne l'ensemble des livres considérés comme divinement inspirés, dignes de figurer dans la Bible. Ils sont la mesure du christianisme, la règle qui mesure tout ce qui s'en réclame. C'est le référentiel absolu et incontournable – *le* livre des chrétiens.

L'INTOX DE CONSTANTIN

L'excentrique britannique Sir Leigh Teabing (dans le roman de Dan Brown) distille sa science :

> « – *La Bible est une œuvre humaine, qui a été écrite par une foule de personnes différentes, à des périodes diverses, souvent obscurantistes. Et elle a constamment évolué, à travers d'innombrables traductions, additions et révisions. On n'a jamais connu dans l'Histoire de version définitive.*
>
> – *Je vois.*
>
> – *Jésus-Christ a exercé une influence absolument stupéfiante, c'est probablement le leader le plus charismatique de tous les temps. Le Messie annoncé par les prophètes a renversé des rois, inspiré des centaines de millions de fidèles, et fondé l'une des philosophies les plus influentes de l'histoire de l'humanité. En tant que descendant des lignées de Salomon et de David, il aurait pu prétendre au titre de Roi des Juifs, et il est compréhensible que sa vie ait été narrée par des milliers de disciples sur la terre d'Israël. Plus de quatre-vingts évangiles auraient pu figurer dans le Nouveau Testament, mais seulement quatre d'entre eux ont été retenus – ceux de Matthieu, de Marc, de Luc et de Jean.*
>
> – *Et qui a décidé de la sélection ?*
>
> – *Ah ! s'esclaffa Teabing, c'est là l'ironie fondamentale du Christianisme. La Bible, telle que nous la connaissons aujourd'hui a été collationnée par un païen, l'empereur Constantin le Grand.* »[33]

QUMRAN A MONTRÉ QUE LA BIBLE N'A PAS ÉTÉ TRAFIQUÉE

Nous pouvons l'écrire sereinement : c'est faux. La Bible est le texte de l'Antiquité dont nous sommes le plus sûr. Les manuscrits de la mer Morte, découverts à Qumran en 1947, ont confirmé la stabilité du texte de l'Ancien Testament. La Bible hébraïque actuelle correspond à celle utilisée au Ier siècle avant Jésus-Christ, telle qu'elle a été trouvée dans les rouleaux de la mer Morte. Aucune addition ou révision n'est décelable.

Dan Brown présente une autre bizarrerie. Constantin aurait orchestré une manœuvre monumentale pour imposer l'unité de son Empire christianisé autour d'une Bible rassemblant les écrits de son goût. Il aurait écarté les textes contraires aux dogmes qu'il voulait promouvoir. Le grand mensonge aurait eu lieu en 325 apr. J.-C. lors du Concile de Nicée. C'est très mal connaître l'histoire ! Le Concile de Nicée ne s'est pas préoccupé de cette question, mais de la « carte d'identité » du Christ (cf. le chapitre « Élu Dieu en 325 »).

QUI EST CONSTANTIN ?

Constantin devient empereur de l'Empire romain en 306 apr. J.-C., malgré les velléités de cinq prétendants qu'il écrasera pour devenir le chef des parties occidentales (en 312) et orientales (en 324). Il aurait eu, avant la bataille décisive de 312, une vision lui garantissant la victoire par le symbole de la croix. C'est ainsi que Constantin se serait converti à la foi chrétienne. Qu'il soit devenu un sympathisant du christianisme est incontestable. En 313, il signe à Milan un édit accordant la liberté de culte pour chaque citoyen. C'est la fin des persécutions terribles que ses prédécesseurs avaient organisées à l'encontre des chrétiens. Il accorde aux églises des terres et des privilèges, libérant le clergé du service militaire. Il christianise quelques festivals païens et assure une éducation chrétienne à ses enfants.

Cependant, sa vie laisse penser qu'il n'était pas un chrétien au sens biblique du terme[34]. Le meurtre de plusieurs membres de sa famille après sa prétendue conversion laisse un malaise certain ! Il se fait baptiser sur son lit de mort le 22 mai 337, alors qu'à cette époque encore, le geste suivait de près la conversion. Était-ce une manière de vivre loin de toute contrainte chrétienne pour « recevoir » une absolution le plus tard possible dans sa vie ? Si les chrétiens se sont réjouis de la fin des persécutions, ils n'ont pas perçu qu'après Constantin, le pouvoir politique devenait indissolublement lié au pouvoir religieux. Une camaraderie malsaine qui engendrera, au sein de l'église, corruption spirituelle et abus de pouvoir. Les continents du monde seront longtemps ensanglantés par le cocktail sordide de l'autorité spirituelle et du glaive.

Affirmer que Constantin a corrompu les sources originelles du christianisme est un anachronisme. Il est certes le premier empereur à reconnaître la valeur du christianisme et à en favoriser le fonctionnement. Mais il n'aura fait qu'influencer ce qui existait déjà depuis longtemps. Le Nouveau Testament, la seconde partie de la Bible, ne doit pas grand-chose à Constantin.

Bien avant lui, les premiers leaders du christianisme se sont référés aux écrits du Nouveau Testament[35]. Celui-ci est cité 36 289 fois par ces premiers pères de l'église : Justin Martyr († en 165), Irénée († vers 200), Clément d'Alexandrie († vers 215), Origène († vers 250), Tertullien († vers 230), Hippolyte († vers 235) et Eusèbe († vers 338)[36] – seules onze phrases n'ont pas été citées. Cela montre qu'à leurs yeux il existait un ensemble d'écrits normatifs. Ce n'est pas une décision officielle des églises qui a tranché, mais une sorte de consensus de l'ensemble des églises de par le monde.

Deux influences vont rendre nécessaire de délimiter les textes fondamentaux du christianisme. D'un côté Marcion voulait éliminer une partie des textes qui circulaient déjà, et d'un autre Montan, qui se tenait pour inspiré, voulait en ajouter.

ATTAQUE « MARCIONE »

Marcion est né en 85 apr. J.-C. Il aurait lu quelques écrits des apôtres et conçu une doctrine originale : le Dieu de l'Ancien Testament n'était pas le « vrai Dieu » et il y aurait une divinité supérieure révélée dans *certaines* sections des écrits des apôtres. Il lui appartenait à lui, Marcion, d'expurger du Nouveau Testament les parties erronées, notamment celles qui lui semblaient trop proches du judaïsme !

Il rejetait tout l'Ancien Testament, et ne gardait que l'Évangile selon Luc et les lettres de Paul passablement modifiées [37].

Bauer, spécialiste de ces questions, remarque à juste titre que l'existence même du canon est postulée par Marcion, puisqu'il s'y attaque [38] ! Il existait donc bien, dès le IIe siècle – longtemps avant Constantin – une liste de livres reconnus, puisque certains voulaient modifier celle-ci.

Du temps de Constantin, tous les évangiles qui sont aujourd'hui dans la Bible avaient été acceptés, de longue date, comme normatifs. Il subsistait ici et là une discussion sur certaines lettres (de Jacques et de Jude par exemple). Finalement, deux critères ont guidé le processus de sélection : le texte devait être écrit par un apôtre ou l'un de ses proches [39], et remporter l'unanimité auprès des églises dans le monde [40].

UN CONSENSUS DE TOUTES LES ÉGLISES A DÉTERMINÉ LE CHOIX DES LIVRES BIBLIQUES

Noël Pérès est professeur à la Faculté de théologie protestante de Paris et à l'École des langues et civilisations de l'Orient ancien. Spécialiste de la littérature apocryphe, il résume le processus qui a conduit à la sélection des livres « officiels » du christianisme :

> *« Si à la fin du Ier siècle Clément Romain, le plus ancien écrivain chrétien hors les auteurs du Nouveau Testament, n'appelle graphè, Écriture, que des textes hérités du judaïsme, un peu moins d'un siècle plus tard on voit Irénée de Lyon donner ce nom aux quatre évangiles qui deviendront canoniques, ainsi qu'à d'autres écrits apostoliques ou réputés tels. Ce n'est en effet que peu à peu, et non sans hésitation, que se constitue la collection singulière de ces 27 livres qui forment le Nouveau Testament. L'acceptation par les Églises chrétiennes de cette collection comme norme de leur foi, ne résulte pas d'une décision conciliaire, ni magistérielle. L'élaboration du consensus reste mystérieuse ; le croyant y reconnaît l'action du Saint-Esprit. »*[41]

Ainsi, le processus de l'établissement des documents du Nouveau Testament résulte d'un consensus général, non de la décision de quelques religieux isolés, encore moins d'un concile, et surtout pas de l'intervention de Constantin.

76 ÉVANGILES À LA POUBELLE

Le roman de Dan Brown fait dire à Teabing que Constantin a pioché parmi plus de quatre-vingts évangiles disponibles, endeuillant soixante-seize d'entre eux du terme d'apocryphes. Avouez que ce serait un véritable gâchis documentaire... Si l'affirmation fait sensation, elle est erronée. En survolant les cinq premiers siècles de notre ère, on ne trouvera pas plus de deux douzaines de textes qui auraient pu prétendre au titre d'évangile. Une bonne moitié est inconnue (ce sont les pères de l'église qui évoquent leur existence). D'autres ne nous sont parvenus que sous forme de fragments de manuscrits. Certains appartiennent à une mouvance religieuse non chrétienne bien précise, le gnosticisme, dont nous reparlerons.

DÉFINITIONS

Évangiles canoniques : les évangiles qui font partie du Nouveau Testament. Il s'agit des évangiles selon Matthieu, Marc, Luc et Jean. Ils ont été rédigés par des apôtres, témoins directs de Jésus (Matthieu et Jean) ou par des collaborateurs des apôtres (Marc / Pierre & Luc / Paul). Toutes les églises de l'époque les ont considérés comme fiables et authentiques.

Évangiles synoptiques : parmi les évangiles canoniques, ce sont les trois premiers. Ils présentent la vie du Christ sous le même aspect et contiennent de nombreuses similitudes. Il s'agit de Matthieu, Marc et Luc.

Évangiles apocryphes : les évangiles qui ne font pas partie du Nouveau Testament, parce que les églises de l'époque ont rejeté leur fiabilité.

Évangiles gnostiques : parmi les évangiles apocryphes, ceux qui reflètent le mouvement spirituel de la gnose, né au IIe siècle (voir encadré ci-après).

Les textes prétendants au titre d'« évangile » sont donc peu nombreux. On peut les classer selon trois grandes catégories [42] :

- Ceux qui sont très proches des évangiles synoptiques. Leur date tardive et leurs similitudes avec les évangiles traditionnels montrent qu'ils s'inspirent de ces derniers. Ils ne présentent donc pas beaucoup d'intérêt en ce qu'ils n'offrent pas d'éléments nouveaux au message de l'évangile.
- Ceux qui sont complémentaires parce qu'ils remplissent les « vides » laissés par les évangiles du Nouveau Testament. Leur date de rédaction tardive et la méconnaissance du milieu juif de plusieurs rendent leur témoignage secondaire ou irrecevable.
- Ceux qui reflètent la mouvance gnostique.

IL N'Y A PAS 80 ÉVANGILES RIVAUX

Selon le professeur Blomberg, sommité des écrits du Nouveau Testament, « le seul "évangile" qu'un nombre suffisant d'érudits considèrent digne de ce nom, est l'Évangile copte de Thomas, une collection de cent quatorze paroles attribuées à Jésus, dont le tiers reflète approximativement les évangiles canoniques, un autre tiers est clairement gnostique et non chrétien, et le dernier tiers n'est ni nécessairement dissident, ni manifestement gnostique »[43].

Évangiles Canoniques (ils font partie du Nouveau Testament)	**Évangiles Apocryphes** (ils ne font pas partie du Nouveau Testament)
Matthieu, Marc, Luc (Synoptiques)	Proches des synoptiques
Jean	Complémentaires
	Gnostiques
Originaux écrits au Ier siècle. Centaines de manuscrits disponibles.	*Originaux écrits entre la fin du IIe et jusqu'au VIe siècle. Quelques manuscrits retrouvés.*

LES ÉVANGILES GNOSTIQUES

Ce sont les plus célèbres des évangiles parallèles. Ils ont été retrouvés en Égypte, à mille kilomètres au nord de Louksor. C'est un paysan, Mohammed Ali Samman, qui les a découverts en 1945. Il cherchait de l'engrais naturel, lorsqu'il tomba sur une cruche de terre rouge, haute d'un mètre, qui renfermait un ensemble de treize livres reliés de cuir, totalisant un millier de pages. Inconscient de la valeur de sa trouvaille, un certain nombre de feuillets serviront… à allumer le feu du four familial ! Une partie a pu être rachetée puis sauvée de la destruction. On peut aujourd'hui la voir à l'Institut de Zurich et au Musée copte du Caire. Ils sont parfois intitulés « manuscrits de Nag Hamadi » d'après le lieu de leur trouvaille.

LES ÉVANGILES GNOSTIQUES SONT TARDIFS

À l'inverse des documents de Qumran, qui se présentent en rouleaux, ceux-ci ont la forme des livres d'aujourd'hui (ce sont des *codices*). La forme et la langue coptes témoignent d'une origine plus tardive : ce seraient des traductions datant du IVe siècle provenant de textes originaux du IIIe [44]. Cette bibliothèque de treize livres contient une cinquantaine de traités gnostiques [45]. Trois se présentent en tant qu'évangile :

- L'Évangile selon Thomas : « uniquement des "paroles de Jésus" à l'exclusion de tout élément narratif » [46].
- L'Évangile selon Philippe. Une collection de cent vingt-sept sentences à la structure difficile à saisir [47].
- L'Évangile selon Marie : un dialogue plutôt philosophique, notamment entre Pierre et Marie, qui reflète le manichéisme naissant au sein de la mouvance gnostique (cf. encadré).

«GNOSE» SIGNIFIE CONNAISSANCE.
CETTE DERNIÈRE EST LE BUT ET LE MOYEN DE CE SYSTÈME SPIRITUEL.
IL PROPOSE À SES ADEPTES L'ÉVEIL D'UNE CONNAISSANCE CACHÉE, ÉSOTÉRIQUE, PAR LE BIAIS D'INITIATIONS.

Les **gnostiques** ont développé un système complexe qui connaît de nombreuses variantes.
Dans l'ensemble, ils rejettent le Dieu de l'Ancien Testament, Créateur d'un univers matériel qu'ils jugent grossier. À leurs yeux, les hommes sont soit «hyliques» (voués à la perdition par leur attachement au monde matériel), soit «psychiques» (cherchant le salut par leurs bonnes œuvres), soit «pneumatiques» [du grec *pneuma*, esprit] ou gnostiques (seuls capables de parvenir à la plénitude de l'Illumination).
Beaucoup parmi les gnostiques sont devenus **manichéens** (de leur maître Mani, IIIe siècle apr. J.-C.).
Selon lui, «deux principes contraires et éternels constituent le fondement de l'univers: le bien et le mal, la lumière et les ténèbres. Dieu est le maître du premier, le démon celui du second. […]
La doctrine manichéenne regardait le mal comme existant de toute éternité.
Les éléments (air, terre, feu) se dédoublaient en deux natures, une bonne et une mauvaise.
Elle ne voit d'opposition irréductible qu'entre la lumière et les ténèbres.
Elle rejette tout l'Ancien Testament, mais admet les évangiles et les épîtres de saint Paul. Le monde devait finir par un cataclysme en tombant dans les abîmes de l'enfer. Le bien et le mal demeureront séparés à jamais par une barrière infranchissable»[48].

Gnosticisme et **christianisme** sont des spiritualités opposées: chacune a des sources, des pratiques, des doctrines et des objectifs différents.

PHILIPPE, TÉMOIN DES BAISERS

Le roman de Dan Brown l'affirme: le mariage entre Jésus et Marie-Madeleine est irréfutable, attesté par un évangile gnostique, celui selon Philippe. Vous ne connaissiez pas cet écrit? Philippe ne l'a pas rédigé. Comme beaucoup de textes apocryphes, il porte le nom d'un apôtre pour lui conférer une certaine crédibilité. Il contient cent cinquante pages de plus de trente lignes chacune, et date du IVe siècle[49].

Son contenu est «une anthologie ou un florilège de textes divers, dont certains sont nettement influencés par la gnose»[50]. Regardons ce fameux extrait qui parle de Jésus et de Marie-Madeleine. Malheureusement, le manuscrit a subi quelques dégradations à cet endroit précis et plusieurs mots clés manquent[51]. Voici la version originale, telle qu'elle se présente :

> *« La Sophia, qui est appelée stérile, est la Mère [...]ges . Et la compagne du [...] Mad[...]. Le [... ...] plus que [...] les disci[...] l'embrassait [...]. Les autres [...] le [...], ils lui dirent : "pourquoi l'aimes-tu plus que nous tous ?". Le Sauveur répondit, il leur dit : "comment se fait-il que je ne vous aime pas autant qu'elle ?" »*[52]

Les experts s'accordent facilement sur les éléments à ajouter. Le contexte et les coutumes des groupes gnostiques permettent de se faire une idée de ce qui manque :

> *« La Sophia, qui est appelée stérile, est la Mère [des An]ges. Et la compagne du [Fils est Marie-] Mad[eleine]. Le [Seigneur aimait Marie] plus que [tous] les disci[ples et il] l'embrassait [souvent sur la bouche]. Les autres [disciples] le [virent aimant Marie], ils lui dirent : "pourquoi l'aimes-tu plus que nous tous ?". Le Sauveur répondit, il leur dit : "comment se fait-il que je ne vous aime pas autant qu'elle ?" »*[53]

Une telle affirmation émanent d'un inconnu écrivant sous un faux nom, émise quelque deux cents ans après la vie de Christ, est-ce là la preuve irréfutable d'une intimité avec Jésus ?

COUP DE POMPE

Mon adolescent de fils me rapportait l'altercation dont il avait été le témoin. Un copain avait eu « un coup de pompe et avait giflé celui qui l'avait taillé ». Ses propos m'ont surpris. De mon temps – je déprime rien qu'à l'utilisation de ce cliché – un coup de pompe voulait dire un coup de fatigue. Comment un tel abattement avait pu susciter une gifle ? Hélas. Il fallait que j'en convienne. Le français change, et pour certains ados, un coup de pompe signifie « nouveau souffle » !

Le rapport avec l'Évangile selon Philippe ? Le terme « baiser » évoque les embrassades des amoureux ou le flirt langoureux des adolescents. Ajoutez que le mot « compagne » est presque synonyme des « pacsés » actuels. On en déduit naturellement que Jésus et Marie-Madeleine étaient copain-copine. Cependant, pour un auteur gnostique, le mot « baiser » n'a rien à voir avec une étreinte. Il est absolument impensable d'y voir les traces d'un mariage, ni même d'une intimité charnelle. De la logique même de la pensée gnostique, ce serait une abomination. Christian Doumergue, passionné et défenseur du gnosticisme, écrit :

> *« Plusieurs auteurs ont cru en trouver la preuve [du mariage entre Jésus et Marie-Madeleine], du moins un indice, dans l'"Évangile de Philippe", qui signale que Marie-Madeleine était la "compagne" de Jésus et que ce dernier l'embrassait souvent sur la bouche. Interpréter ces affirmations dans un sens sexuel est une erreur. L'"Évangile de Philippe" [...] condamne ouvertement le mariage charnel, qui entretient l'œuvre du Démiurge [sorte de démon ou mauvaise divinité à l'origine du monde, N.D.A.]. Son sujet est le mariage spirituel. Si Marie-Madeleine y est la compagne de Jésus, c'est donc au sens mystique du terme. Quant aux baisers sur la bouche, ils représentent dans la symbolique gnostique, la transmission du "logos" [le verbe, le principe de perfection]. »*[54]

POUR LES GNOSTIQUES,
UN BAISER EST SYMBOLE D'INITIATION

L'Évangile selon Philippe n'est pas un récit historique. C'est un poème écrit longtemps après la vie du Christ pour imager une union mystique, dépeinte en l'image d'un couple. De l'aveu même des gnostiques, il n'évoque pas un copinage affectueux, mais le symbole de la transmission d'un savoir. Pas de flirt entre Jésus et Marie-Madeleine.

BIENVENUE EN ROUMANIE

Nous étions enfin arrivés à Iasi, en Roumanie. Notre église avait organisé un convoi humanitaire quelques mois après le changement de régime. Pendant notre séjour, on m'avait demandé de parler dans une église de la ville. Arrivé sur les lieux, je vis le pasteur embrasser longuement sur la bouche… un de ses paroissiens. Je ne peux vous dire mon soulagement lorsqu'il tendit sa main vers moi pour me saluer. J'aurais vraiment eu du mal à consentir à une telle expression d'amitié : embrasser sur la bouche est réservé à mon épouse ! Pour ces amis, c'est un « saint baiser » qui n'a pas la même connotation.

Le contexte d'un écrit est fondamental à sa compréhension. Les mots employés doivent être perçus « de l'intérieur ». En méprisant ce principe, on impose un sens contemporain en complet décalage avec l'intention de l'original. Dan Brown a tiré de ce pseudo-évangile des conclusions que rejette la mouvance dont il est issu. De plus, comme les autres évangiles apocryphes, le soi-disant évangile de Philippe n'est pas fiable.

MAILLONS FAIBLES. AU REVOIR.

Les évangiles apocryphes n'ont pas trouvé place dans la Bible. Ils n'ont pas été acceptés comme étant « inspirés de Dieu » (2 Timothée 3:16). Les églises ne les ont pas cachés. Les chrétiens de l'époque les ont lus, la tradition populaire s'est même imprégnée de plusieurs images qu'ils contiennent, notamment concernant Noël :

> *« L'étable grotte de la Nativité est toujours là, depuis que le Protévangile de Jacques (ainsi d'ailleurs que Justin Martyr) ont fait naître Jésus dans une grotte. Le bœuf et l'âne n'ont pas quitté les alentours de la crèche depuis que l'Évangile du Pseudo-Matthieu les y a mis. Joseph, gardien de la Vierge, a presque toujours encore les traits d'un vieillard, selon une représentation qui remonte à l'antique Protévangile de Jacques. Par contre, les sages-femmes dont le Protévangile entourait Marie comme témoins de sa virginité, ont complètement disparu des représentations modernes de la Crèche. »*[55]

Ni Constantin ni les églises n'ont voulu rendre ces textes secrets. Ils étaient là, disponibles, lus parfois. Mais ils n'ont heureusement pas été acceptés dans la Bible, parce qu'ils n'avaient pas la qualité des quatre évangiles retenus. Plusieurs raisons expliquent ce rejet.

LEUR ÂGE

C'est un problème majeur : ces pseudo-évangiles sont tardifs. Tous les manuscrits apocryphes datent du IVe ou du Ve siècle. Et en plus, ce sont des traductions. On *suppose* que des originaux antérieurs existent, mais si l'on considère leurs positions théologiques, ils ne sauraient précéder le IIe siècle. Même en étant extrêmement large, ils auraient été rédigés cent à deux cents ans après les faits. Comment croire ceux qui parlent de la vie personnelle de gens qu'ils n'ont jamais connus et qui ont vécu deux siècles plus tôt ?! Surtout que cet « Évangile selon Philippe » a été écrit au plus tôt au IVe siècle[56]. C'est loin, loin de la vie du Christ. Peu de paparazzis gagneraient leur vie s'ils rapportaient des histoires si anciennes.

À l'inverse, les documents du Nouveau Testament sont antérieurs : ils ont tous été écrits au Ier siècle, et on trouve des manuscrits dès le IIe siècle. Le plus vieux, le papyrus qui porte le numéro 52, aurait suivi l'original de soixante à cent ans – une proximité époustouflante de l'original.

Non seulement les manuscrits du Nouveau Testament sont très vieux, mais ils sont abondants : une centaine de papyri ; plus de trois cents codices (parchemins) écrits en majuscules. Sans compter les trois mille codices écrits en minuscules (mais plus tardifs), les traductions syriaques, coptes et latines, les 36 000 citations des pères de l'église évoquées plus haut.

Dans ce domaine, le texte du Nouveau Testament est inégalé parmi ceux de l'Antiquité. À titre de comparaison, nous n'avons que dix manuscrits de la *Guerre des Gaules* de Jules César (dix copies qui datent du IXe siècle, plus de huit cents ans après). Il n'existe que huit manuscrits écrits par l'historien grec Thucydide, postérieurs aux originaux de mille trois cents ans[57].

Les milliers de manuscrits du Nouveau Testament ont été examinés par des érudits pour vérifier la composition de l'original. Certains de ces experts n'ont aucun respect pour la foi chrétienne. Ils appliquent systématiquement le principe du doute à l'encontre du texte biblique. Même les plus sceptiques de ces savants admettent que 98,3 % des textes actuels sont la transcription exacte des originaux[58]. C'est un minimum. D'autres experts l'estiment à 99,8 %. Les traductions contemporaines de la Bible font apparaître les paragraphes où un doute existe sur l'original. Il ne s'agit que de quelques phrases.

ILS SONT ÉCRITS TROP TARDIVEMENT POUR ÊTRE FIABLES

Ce n'est pas le cas des prétendants au titre d'évangile : il n'y a pas de copie disponible. Les manuscrits n'ont pas la même ancienneté. En fait, ils reflètent une école de pensée postérieure au christianisme primitif, et visent à asseoir un autre enseignement – ils n'ont pas été écrits par des témoins oculaires de ces événements.

Par contre, les quatre évangiles de la Bible sont l'œuvre des collaborateurs intimes de Jésus, à l'exception de Luc, qui s'appuie sur le récit des témoins oculaires (Luc 1:1-3).

LEUR DRAMATISATION

La valeur historique des évangiles apocryphes est largement discréditée par la manière dont ils cherchent à satisfaire la curiosité des lecteurs. Bauer rapporte cette « vérification gynécologique » de la virginité de Marie qu'un évangile de l'enfance raconte :

> « *La sage-femme s'étonne de cette naissance merveilleuse. En quittant la grotte, elle rencontre Salomé, elle lui parle de cette naissance étonnante. Et Salomé d'imiter Thomas l'incrédule : "Aussi vrai que le Seigneur est vivant, si je n'y ai mis mon doigt et scruté sa nature, je ne croirais pas qu'une vierge ait enfanté." Sa main, comme mangée par le feu, se détache d'elle : elle avait tenté le Dieu vivant ! Au comble de la misère, elle prie le Seigneur. Un ange se présente et lui dit : "Le Seigneur a écouté ta prière. Viens, touche l'enfant et tu seras guérie." Salomé obéit, la voici guérie.* »[59]

Comparez ce texte avec la sobriété du récit de Matthieu : « avant leur union [celle de Joseph et de Marie], elle se trouva enceinte par l'action du Saint Esprit [...] Joseph ne la connut pas jusqu'à ce qu'elle eût enfanté un fils, auquel il donna le nom de Jésus » (Matthieu 1:18, 25). Luc, pourtant médecin, aurait pu disserter longuement sur la question. Lui qui s'attarde plus que les autres sur la petite enfance de Jésus (il y consacre deux longs chapitres) demeure d'une extrême retenue. Il n'offre pas ce genre d'examen clinique grotesque !

LES APOCRYPHES CONTIENNENT DES « EFFETS DE THÉÂTRE » QUI LES RENDENT SUSPECTS

Souvent les évangiles apocryphes contiennent des détails fantaisistes. Ils ajoutent volontiers aux récits des évangiles canoniques les noms des personnages anonymes – donner des noms deux cents ans plus tard, ce n'est pas très sérieux[60] !

LEUR LIGNE ÉDITORIALE

Ces « évangiles » ont été écrits pour la plupart pour défendre l'enseignement de mouvances spirituelles assez diverses. L'une d'entre elles, le gnosticisme, traçait une ligne de démarcation hermétique entre le monde matériel (jugé corrompu) et le spirituel (pur et divin)[61].

Dieu venant sur terre en Jésus, suscitait un dégoût profond : comment la divinité pouvait-elle s'incarner dans la gadoue du monde et de l'homme ? Il fallait déshumaniser Jésus, le rendre fantomatique. Faire de lui un être surnaturel détaché du monde matériel. Il n'est donc pas étonnant que le soi-disant *Évangile selon Pierre* dépeigne ainsi sa réaction à la crucifixion : « il demeura silencieux, comme s'il ne ressentait aucune douleur » (4:1). Sans souffrance, il n'est pas homme, et demeure au-dessus des mortels.

On est beaucoup plus proche d'une conception grecque du monde et bien loin de la pensée biblique. Selon cette dernière, le monde que Dieu a créé est bon, très bon (Genèse 1:13) ! La Bible maintient un équilibre parfait : d'un côté la beauté et la légitimité des joies de la vie sur terre (Cantique des Cantiques 2:6 ; 1 Timothée 4:3-4 ; Ésaïe 25:6 ; Matthieu 9:11), on a même reproché à Jésus de faire « bonne chère » et d'être un « buveur de vin » (Luc 7:34). De l'autre, elle lance un appel à l'honneur et à la vertu : une vie qui n'est pas dominée par ces mêmes plaisirs (ex. en Matthieu 5:27 et suiv. ; 16:24 et suiv. ; Tite 2:12 ; etc.). Les écrits apocryphes s'éloignent beaucoup du réalisme simple des évangiles de la Bible. Ils mettent en avant des pratiques d'ascétisme, de rigueur corporelle, de célibat, de jeûne et de souffrance, en désaccord avec l'enseignement du Seigneur[62].

Ils imposent même une théologie machiste qui est bien loin de l'honneur que le Nouveau Testament confère aux femmes, contrairement aux affirmations répétées de Dan Brown. Si l'Évangile selon Thomas – un évangile apocryphe, heureusement rejeté – avait été accepté, il aurait été impossible de concilier ces propos au reste de la Bible :

> *« Simon Pierre dit : Que Marie sorte du milieu de nous, car les femmes ne sont pas dignes de la Vie. Jésus dit : Voici que je la guiderai afin de la faire mâle, pour qu'elle devienne, elle aussi, un esprit vivant semblable à vous, mâles. Car toute femme qui se fera mâle entrera dans le Royaume des cieux. » L'Évangile selon Thomas, 114*[63]

LES APOCRYPHES DÉCRIENT LA VIE TERRESTRE, DÉVALORISENT LES FEMMES, RENIENT JÉSUS, ETC.

Quel scandale que ce Jésus qui rabaisse et humilie les femmes ! À l'inverse, il émane des pages de la Bible un respect profond de l'identité féminine, franchement éloigné de ces goujateries.

DES POISSONS DANS LE CIEL

C'est arrivé un jour. Des poissons qui tombent du ciel. Le 16 février 1861, vingt hectares de Singapour étaient jonchés de poissons-chats et autres alevins, après trois jours d'une pluie torrentielle[64]. Il paraît que le phénomène se produit de temps en temps. Pour autant, il ne serait pas très raisonnable d'aller pêcher dans le ciel : dans le ciel, il y a des oiseaux.

C'est un peu comme les évangiles apocryphes. Ils n'ont pas la vocation de présenter le Christ originel. Ils proviennent de ce qu'on a appelé des « bibliothèques gnostiques », parce qu'ils enseignaient ou défendaient une école de pensée spécifique à leur religion. Quand on cherche des informations gnostiques, on prend des écrits gnostiques, en se contentant de ce qui s'y trouve. Quand on cherche des informations historiques, on prend les évangiles, rédigés par des témoins dignes de foi.

J'ai demandé à mon assistante de téléphoner à quelques librairies spécialisées pour savoir si elles vendaient des Bibles. Les librairies catholiques et protestantes en regorgeaient, naturellement. Aucun des libraires ésotériques n'en vendait. L'un d'entre eux a répondu avec une pointe de mépris : « nous ne faisons que du spirituel, pas de religieux ». La librairie hébraïque n'avait pas de Nouveau Testament, et le libraire musulman a gentiment proposé d'en commander un exemplaire, avant de lancer « non, je plaisante, nous, c'est tout ce qui concerne l'islam ».

On ne mélange pas les oiseaux et les poissons, n'est-ce pas ?

SEULS LES ÉVANGILES CANONIQUES SONT DIGNES DE CONFIANCE

Les évangiles parallèles ne parlent pas du Jésus de l'Histoire. Ils sont intéressants, mais leurs spéculations imaginatives ne font que souligner la force des évangiles canoniques, dont la sobriété fait éclater l'authenticité et la vérité. Jean Imbert, professeur à la Sorbonne, est l'auteur d'une analyse historique du procès de Jésus. Il introduit son attachement aux données des évangiles ainsi : « le caractère le plus étonnant des récits évangéliques, quel que soit leur auteur, est certainement l'impassibilité avec laquelle sont narrées les souffrances du Christ, sa mort et sa mise au tombeau. À aucun moment, il n'est fait appel à la sensibilité du lecteur ; nulle émotion ne transparaît ; dans cette sorte de reportage consacré à une mort affreuse, l'une des plus douloureuses qui soit, le rédacteur ne veut faire surgir la compassion que par **le simple exposé des faits** »[65].

DAN BROWN DIT :

JÉSUS ÉTAIT UN HOMME EXCEPTIONNEL.

NI JÉSUS NI SES ADEPTES N'ONT DIT QUE CHRIST ÉTAIT DIEU.

LE CONCILE DE NICÉE A VOTÉ LA DIVINITÉ DE JÉSUS À UNE COURTE MAJORITÉ.

04

ÉLU « DIEU » EN 325

Un cortège funèbre long de trois kilomètres accompagnait l'empereur à sa dernière demeure. Trente mille personnes pour rendre un dernier hommage à celui qui avait régné paisiblement vingt ans durant. Le monde avait appris son existence le 17 septembre 1859. Un journal de San Francisco faisait de cette annonce reçue la veille la Une de son édition quotidienne : « selon l'exigence et le désir d'une large majorité des citoyens des États-Unis, je me déclare Empereur des États-Unis… »

Ce matin-là, les Américains découvraient l'autoproclamation de Norton Ier, Empereur des États-Unis d'Amérique et Protecteur du Mexique. Le jour même, Norton Ier prenait plusieurs dispositions légales censées asseoir son autorité : convocation des députés, abolition du Congrès, dissolution de la République et suppression de la Présidence.

Joshua Abraham Norton passait l'essentiel de son temps à rédiger des lois. En bon monarque, il veillait au bien-être de ses sujets : examen critique des horaires des diligences, inspection des égouts, discussion avec la police de la criminalité. Soucieux d'égalité, il ordonna l'amalgame de toutes les spiritualités en une religion universelle. Méprisant le faste majestueux que son rang lui aurait permis d'exiger, il préférait les bains de foules et utilisait les transports en commun, afin d'être plus proche de son peuple.

Il avait fière allure, cet empereur des Américains. Un costume d'officier bleu sombre affublé d'épaulettes dorées et de boutonnières en bronze enjolivait un corps court et charpenté. Au bas du visage, une barbiche à la Buffalo Bill. Au sommet, un chapeau habillé d'une plume verte et d'une rosette. Il arborait dignement un sabre d'ornement dont le sérieux tranchait avec l'ombrelle chinoise plutôt kitsch dont il ne se séparait jamais.

Ce doux excentrique était adulé par la population. L'annuaire de la ville le mentionnait sous le titre « Empereur ». On se courbait sur son passage. Il était invité à résoudre des conflits de voisinage, et certains comparaient ses jugements à la sagesse proverbiale de Salomon. Il était gracieusement reçu dans les restaurants de la ville, personne ne lui réclamait de billet dans les transports en commun, les théâtres lui offraient des places gratuites, et l'auditoire se levait respectueusement à son arrivée. Trois sièges étaient réservés pour chaque première représentation : pour l'empereur, et pour ses deux chiens !

Gare à ceux qui refusaient de lui accorder ces privilèges. En 1867, un homme politique ordonna son arrestation pour qu'il soit soigné contre son gré. L'opinion publique se mobilisa au point que le chef de la police, craignant l'émeute, vint en personne le relâcher de sa prison. La ville dut s'excuser publiquement. Les journaux attaquèrent violemment la ville pour cette offense à « sa majesté impériale »[66].

BEAUCOUP ONT JOUÉ LE JEU DE NORTON Ier

À sa mort, son capital ne devait pas dépasser une poignée de dollars. Pourtant, si France-Info avait existé, vous auriez vécu l'événement en direct ! Malgré les apparences, malgré les articles de journaux, malgré les privilèges quasi régaliens, malgré les trente mille personnes dans le cortège, les journalistes vous auraient dit qu'il n'y avait jamais eu de « Norton Ier, Empereur des États-Unis d'Amérique ». C'était une « fadaise ». Innocente, certes. Ce n'était là que l'histoire rocambolesque d'un mythomane favorablement accueilli par une société bienveillante.

NORTON IER ?

Imaginez. Nous sommes en l'an 3805. Un professeur de politique antique de la Sorbonne fait des recherches dans une bibliothèque de San Francisco, et tombe sur des articles mentionnant « Norton Ier, Empereur des États-Unis d'Amérique ». Il est troublé, car il sait par l'histoire officielle qu'à cette période le républicain Rutherford Hayes est le président élu. Il se pose naturellement plusieurs questions. Y aurait-il eu, à l'aube du XXe siècle – presque deux mille ans plus tôt – un territoire monarchique qui échappait alors au contrôle de la jeune République américaine, bientôt absorbée par la guerre civile ? L'histoire officielle aurait-elle caché des pans de son histoire qu'elle jugeait puérile ? Y avait-il eu un complot anti-républicain ? Quelle en était l'étendue ?

Notre investigateur tenterait de corroborer ses découvertes. Quelle ne serait pas sa surprise de retrouver une correspondance de Norton Ier avec Bismarck, et une autre avec Lincoln (ces lettres existent !). Voilà de quoi assurer sa notoriété : il serait le premier à publier une thèse ou un livre sur la monarchie avortée de l'ouest américain… Des colloques seraient organisés. Des experts argumenteraient pour ou contre la thèse de l'universitaire. Dan Brown écrirait un roman. Et finalement, personne ne pourrait trancher, deux mille ans plus tard, entre l'histoire officielle et celle mystérieuse et partiellement révélée par les articles des journaux de San Francisco.

Bien sûr, la question de Norton Ier n'influence que moyennement notre quotidien – nous nous contentons avec raison de ce que nous en rapporte Lucky Luke [67]. Mais l'histoire est pertinente à notre sujet à double titre.

DANS 2 000 ANS,
SAURA-T-ON QUE C'ÉTAIT FAUX ?

D'abord quant à notre perception de ce qui est vrai. Qu'une ville entière ait aimablement rendu hommage à un fabulateur ne diminue pas son mensonge. L'attachement sentimental à ce canular ne doit pas modifier notre compréhension de l'histoire : il n'y a jamais eu d'empereur des États-Unis. Il en va de même des histoires que nous avons évoquées, comme le mariage entre Jésus et Marie-Madeleine, pour ne citer que celle-là.

Ensuite, cette histoire illustre ce que plusieurs disent de Jésus : un homme bien, « devenu dieu » malgré lui. Populairement divinisé, il serait devenu l'idole de l'Empire romain ayant besoin de solidifier son unité politique autour d'une seule et même divinité. Comme le laisse à penser Dan Brown :

« – Sa divinité ? Je ne vous suis pas…

– Ma chère Sophie, Jésus n'était jusqu'alors considéré que comme un prophète mortel – un homme exceptionnel en tous points, certes – mais mortel.

– Pas le Fils de Dieu ?

– C'est justement le concile de Nicée qui l'a déclaré tel après un vote.

– Vous êtes en train de me dire que la divinité de Jésus résulte d'un vote ?

– Et, qui plus est, un vote assez serré. Mais la question était cruciale pour l'unification de l'Empire romain, comme pour le pouvoir de la nouvelle Église. Un Jésus divin transcendait la réalité du monde humain, et sa puissance n'était plus discutable. On intimidait ainsi les païens récalcitrants tout en signifiant aux chrétiens qu'ils n'obtiendraient leur salut que par l'obédience à l'Église catholique romaine […] Ce qui nous dérange, c'est que ce "coup de pouce" divin au statut de Jésus soit intervenu trois siècles après sa mort. »[68]

Jésus aurait-il été divinisé à son insu ? Ses adeptes se seraient-ils trompés ?

« L'HOMME QUI DEVINT DIEU »

L'idée n'est pas neuve. La divinisation de Jésus serait la grave erreur de ses successeurs. Ils auraient mal compris les propos du Maître, ou l'auraient maladroitement exalté en divinité. Ou encore ce serait la mauvaise lecture des disciples de Paul, comme l'affirment les journalistes :

« Même si Paul n'a pas proclamé Christ comme Dieu, l'association dans ses épîtres du terme de "Seigneur" au nom de Jésus, sa répétition, l'équivoque qu'il entretient sur l'usage de ce mot – volontairement ou non – vont mettre en marche le processus de divinisation. Processus qui aboutira en une cinquantaine d'années. »[69]

Les Témoins de Jéhovah aussi nient sa divinité, et propagent intensément leur doctrine. Divers penseurs, avec des motivations différentes, soutiennent les mêmes thèses. Ce qui est nouveau, c'est le rôle des romans pour susciter une certaine version de l'histoire. Enseignant à la Faculté théologique protestante évangélique d'Aix en Provence, Frédéric Baudin signe un article fascinant sur la figure de Jésus aujourd'hui. Il remarque :

> *« Plus préoccupant est le mouvement amorcé avec le roman L'homme qui devint Dieu, de Gérald Messadié, paru en 1988. Dans cette œuvre de fiction à prétention scientifique, l'imagination la plus fertile supplante largement l'étude pseudo-scientifique menée par l'auteur ; les écrits apocryphes les plus fantaisistes et les sources religieuses – mystiques – les plus obscures sont abondamment utilisés ; Jésus apparaît comme un homme au destin certes extraordinaire, mais il ne doit sa divinité qu'à la ferveur de ses disciples. Jésus n'est en réalité ni le Fils de Dieu, ni le Messie. »*[70]

DES TÉMOINS DE JÉHOVAH À DAN BROWN,

BEAUCOUP NIENT LA DIVINITÉ DE CHRIST

Que des romans fassent rêver, c'est leur rôle. S'ils contiennent des sornettes, personne ne leur en tient rigueur. Il est évident que *Star Wars* n'est ni un traité de futurologie, ni un manuel de voyage dans l'espace. Ce n'est pas de la science, mais de la science-*fiction*. En affirmant rapporter des faits « avérés », Dan Brown se fait théologien de Christ – et se trompe.

Le témoignage du Nouveau Testament est sans équivoque : Jésus-Christ est Dieu le Fils.

DIEU QUI DEVINT HOMME

LES PROPHÈTES L'ANNONCENT

Des siècles avant que Jésus n'apparaisse, les prophètes de l'Ancien Testament annonçaient la venue d'un Messie, en suggérant que Dieu lui-même se déplacerait :

- Huit siècles avant Jésus-Christ, le prophète Ésaïe écrit : « car un enfant nous est né, un fils nous est donné, et la souveraineté reposera sur son épaule ; on l'appellera Admirable, Conseiller, **Dieu puissant, Père éternel**, Prince de la paix » (Ésaïe 9:6). Ce verset ne permet aucune ambiguïté : l'enfant qui doit naître possède les attributs de la divinité. Ce même prophète demande au peuple « d'ouvrir le chemin de l'Éternel [YHWH] »[71] (Ésaïe 40:3). Dieu en Personne se déplacera.
- Le prophète Malachie, cinq siècles av. J.-C., écrit : « Voici que j'enverrai mon messager ; il ouvrira un chemin **devant moi**. Et soudain **entrera** dans son temple **le Seigneur** que vous cherchez »[72] (Malachie 3:1). Dieu se déplacera, précédé d'un messager (ce sera Jean-Baptiste).
- À peu près à la même période, Zacharie, anticipant la conversion spirituelle du peuple d'Israël, écrit : « Alors je répandrai sur la maison de David et sur les habitants de Jérusalem un esprit de grâce et de supplication, et ils tourneront les regards **vers moi,** celui qu'ils ont transpercé. Ils porteront son deuil comme on

porte le deuil d'un fils unique, ils pleureront amèrement sur lui, aussi amèrement que sur un premier-né»[73] (Zacharie 12:10). Ce prophète évoque même le prix par lequel Dieu serait trahi (Zacharie 11:12-13), ce qui correspond exactement à ce que Judas a obtenu pour sa trahison du Christ.

L'ANCIEN TESTAMENT ANNONCE LA VENUE DE DIEU

Beaucoup d'autres passages pourraient être cités parmi les dizaines de prophéties qui annoncent le Messie, ou qui présentent un Dieu tri-unitaire dans l'Ancien Testament[74]. Il suffit de cet échantillon pour comprendre que l'idée du déplacement de Dieu sur terre n'est pas issue d'une invention subite des chrétiens.

JÉSUS-CHRIST SE DÉVOILE

À plusieurs occasions, Jésus a dévoilé sa divinité :

- Jésus a parlé de son éternité, affirmant sa connaissance d'Abraham (qui a vécu deux mille ans plus tôt !) : «en vérité, en vérité, je vous le dis, avant qu'Abraham fût, moi, je suis » (Jean 8:58). Le « je suis » est l'équivalent grec du nom même de Dieu (Exode 3:14; cf. Semeur).

- Jésus dit: « Moi et le Père, nous sommes un » (Jean 10:30), engendrant la colère de ses opposants: « ce n'est pas pour une œuvre bonne que nous te lapidons, mais pour un blasphème, et parce que toi, qui es un homme, tu te fais Dieu » (Jean 10:33). Cela aurait été un blasphème, s'il n'avait pas été justement Dieu en Personne.
- Jésus explique à ses disciples qu'il sera présent au milieu d'eux, à jamais (Matthieu 18:20; 28:20) or l'éternité et l'omniprésence sont deux qualités essentiellement divines.
- Thomas est célèbre pour ses doutes. Mais lorsqu'il voit le Christ ressuscité, il s'écrie « mon Seigneur et mon Dieu! » (Jean 20:28), et Jésus ne s'insurge pas à l'encontre de cette compréhension.

JÉSUS AFFIRME SA DIVINITÉ

Ce ne sont pas les seuls indices. Jésus a manifesté une autorité sur la nature, lorsqu'il calme la tempête, ou sur la maladie, en guérissant souvent *tous* les malades qu'on lui présentait, ou sur la mort, ressuscitant Lazare. Ce n'est pas vraiment à la portée des mortels! Son pouvoir était tel que même ses adversaires ne pouvaient en nier la réalité (cf. Jean 9).

LES APÔTRES LE DÉCRIVENT

Les apôtres, témoins directs du ministère du Christ, ont tous décrit Jésus comme Dieu venu parmi les hommes :

- L'apôtre Jean commence son évangile ainsi : « Au commencement était la Parole, et la Parole était avec Dieu, et la Parole était Dieu. [...] La Parole a été faite chair, et elle a habité parmi nous, pleine de grâce et de vérité ; et nous avons contemplé sa gloire, une gloire comme celle du Fils unique venu du Père » (Jean 1:1, 14). Christ, la Parole, était Dieu.
- L'apôtre Paul parle de « la révélation de la gloire de Jésus-Christ, notre grand Dieu et Sauveur » (Tite 2:13, Semeur) et encore du « Christ, Dieu béni éternellement » (Romains 9:5).
- L'apôtre Pierre évoque « la justice de notre Dieu et Sauveur Jésus-Christ » (2 Pierre 1:1)

LES APÔTRES ENSEIGNENT LA DIVINITÉ DU CHRIST

Des dizaines d'autres références pourraient être évoquées[75]. C'est pourquoi l'idée que Jésus ait été élu Dieu par une courte majorité lors du Concile de Nicée[76] est la plus invraisemblable qui soit. Mieux vaut reconnaître que le Nouveau Testament présente le Christ comme celui en qui « habite corporellement toute la plénitude de la divinité » (Colossiens 2:9). À chacun de croire ou de ne pas croire en cette affirmation. Mais le témoignage de la Bible est d'une extrême clarté.

CONTROVERSES ET CONCILES

La divinité du Christ était unanimement acquise par les premiers responsables de l'église. Voici quelques extraits parmi les plus significatifs[77] :

- Clément de Rome († 150) : « Frères, il nous faut considérer Jésus-Christ comme Dieu et juge des vivants et des morts »[78].
- Justin Martyr († 165) : « Il (Jésus) est appelé Dieu, Il est Dieu et le sera toujours »[79].
- Irénée († 200) : « Il (Christ) est vraiment Dieu et vraiment homme » ; « Christ (Jésus) notre Seigneur, notre Dieu, notre Sauveur et notre Roi »[80].
- Clément d'Alexandrie († 215) : « Aussi le Christ est à la fois humain et divin, dualité une, Dieu et homme »[81] ; « Je ne comprends rien d'autre sinon qu'il s'agit ici de la sainte Trinité car le troisième est le Saint-Esprit et le Fils est la seconde par lequel toutes choses furent faites selon la volonté du Père »[82].
- Tertullien († 230) : « On nous a enseigné qu'il procède du Père et que dans ce processus il fut généré. Ainsi il est le Fils de Dieu et est appelé Dieu suite à l'unité de substance avec Dieu » ; « Nous voyons un double état, non pas par la confusion mais dans l'union, Jésus à la fois Dieu et homme en une seule personne »[83].
- Hippolyte († 235) : « Car Christ est le Dieu au-dessus de tout »[84].

Il faudrait aussi évoquer Origène, Novatien, Cyprien, et bien d'autres.

L'ÉGLISE PRIMITIVE ENSEIGNE LA DIVINITÉ DU CHRIST

Ce qui a eu lieu en 325 n'est pas le vote de la divinité de Jésus ! C'est le rassemblement (concile) de deux cent cinquante à trois cents évêques[85] dans la ville de Nicée pour répondre à l'enseignement de l'un d'entre eux, Eusèbe de Nicomédie. Influencé par Arius, il contestait la divinité de Christ. Le concile a adopté ce qui est aujourd'hui connu sous le titre de « symbole de Nicée »[86] et qui ne fait que reprendre ce que l'église, dans son ensemble, croyait de Jésus-Christ :

> « *Nous croyons en un seul Seigneur, Jésus-Christ, le Fils unique de Dieu, né du Père avant tous les siècles, Dieu venu de Dieu, lumière issue de la lumière, vrai Dieu issu du vrai Dieu, engendré et non créé, d'une même substance que le Père et par qui tout a été fait ; qui pour nous les hommes et pour notre salut, est descendu des cieux et s'est incarné par le Saint-Esprit dans la vierge Marie et a été fait homme. Il a été crucifié pour nous sous Ponce-Pilate, il a souffert et il a été mis au tombeau ; il est ressuscité des morts le troisième jour, conformément aux Écritures ; il est monté aux cieux où il siège à la droite du Père. De là, il reviendra dans la gloire pour juger les vivants et les morts, et son règne n'aura pas de fin.* »[87]

De ces quelques trois cents évêques, un seul s'est joint à Eusèbe de Nicomédie[88] pour contester cette formulation. Ni le Concile de Nicée, ni le texte qui en découle, ne sont à l'origine de la divinité du Christ. Tous deux expriment ce que les chrétiens comprenaient de la personne du Christ. Jésus est Dieu ni par vote, ni par décret, ni par consensus. Il l'est… parce qu'il l'est ! C'est son identité, sa nature révélée dans l'Écriture.

VIVANT

L'IMPORTANCE DE LA RÉSURRECTION

Il y a quelque chose d'unique dans la vie du Christ. Quelque chose que personne n'a vécu et qui place Jésus au-dessus de tous les hommes, de tous les fondateurs de religion. Jésus est ressuscité. Je ne parle pas ici d'une « résurrection spirituelle », mais d'un événement historique : il est physiquement, corporellement ressuscité.

Jésus avait annoncé à ses disciples qu'il mourrait et qu'il ressusciterait. Les disciples ont eu du mal à comprendre cela. Ils ont eu du mal à le croire – notamment Thomas qui disait : « si je ne vois pas dans ses mains la marque des clous, si je ne mets mon doigt à la place des clous, et si je ne mets ma main dans son côté, je ne croirai point » (Jean 20:25). Il aura la satisfaction de voir le Christ ressuscité : se prosternant alors il s'écriera : « mon Seigneur et mon Dieu » (Jean 20:28 ; cf. Semeur).

Cet événement est fondamental au christianisme. L'apôtre Paul évoque l'importance de la résurrection pour la foi chrétienne :

> *« Je vous ai transmis, avant tout, ce que j'avais aussi reçu : Christ est mort pour nos péchés, selon les Écritures ; il a été enseveli, il est ressuscité le troisième jour, selon les Écritures, et il a été vu par Céphas, puis par les douze. Ensuite, il a été vu par plus de cinq cents frères à la fois, dont la plupart sont encore vivants, et dont quelques-uns sont décédés. Ensuite, il a été vu par Jacques, puis par tous les apôtres. Après eux tous, il s'est fait voir à moi comme à l'avorton ; car je suis, moi, le moindre des apôtres, je ne mérite pas d'être appelé apôtre, parce que j'ai persécuté l'église de Dieu. […] Et si Christ n'est pas ressuscité, alors notre prédication est vaine, et votre foi aussi est vaine. Il se trouve même que nous sommes de faux témoins à l'égard de Dieu, puisque nous avons témoigné contre Dieu qu'il a ressuscité le Christ, tandis qu'il ne l'aurait pas ressuscité, si les morts ne ressuscitent pas. Car si les morts ne ressuscitent pas, Christ non plus n'est pas ressuscité. Et si Christ n'est pas ressuscité, votre foi est vaine, vous êtes encore dans vos péchés et ceux qui sont morts en Christ sont perdus. Si c'est dans cette vie seulement que nous espérons en Christ, nous sommes les plus malheureux de tous les hommes » (1 Corinthiens 15:3-9, 14-19).*

LA RÉSURRECTION DU CHRIST VALIDE SES AFFIRMATIONS

Si Jésus n'est pas ressuscité, le christianisme s'effondre. Jésus ne saurait être considéré comme Dieu, s'il a menti sur sa résurrection. Et s'il a menti sur sa propre résurrection, comment croire ce qu'il affirme : « moi, je suis la résurrection et la vie. Celui qui croit en moi vivra, quand même il serait mort » (Jean 11:25). C'est ainsi que la résurrection de Christ est la signature authentifiant la véracité du christianisme.

PAROLE DE PHILOSOPHE

William Lane Craig est professeur de philosophie, diplômé d'universités américaines et européennes (doctorat de philosophie en 1977 à Birmingham, de théologie en 1984 à Munich, et études post-doctorales à Louvain, en Belgique, jusqu'en 1994). Il s'est penché sur l'historicité de la résurrection de Christ, et nous livre ici le fruit de son raisonnement[89] :

« Il me semble qu'il y a quatre faits avérés qui constituent les preuves inductives de la résurrection de Jésus :

- Point n° 1 : *Après sa mort, Joseph d'Arimathée a placé le corps de Jésus dans un tombeau.* C'est significatif parce que cela voulait dire que le lieu de la tombe de Jésus était connu des Juifs comme des chrétiens. Il serait inconcevable que la croyance en sa résurrection puisse naître et se répandre là même où se trouvait un caveau et un corps. Selon John A.T. Robinson, de l'université de Cambridge, les funérailles de Jésus forment l'un "des faits les plus anciens et les mieux attestés concernant Jésus" {15}.

- Point n° 2 : *Le dimanche matin après la crucifixion, un groupe de femmes a trouvé la tombe vide.* Selon Jakob Kremer, spécialiste de la résurrection, "la vaste majorité des exégètes soulignent la fiabilité des propos bibliques affirmant que le tombeau était vide". {16} D.H. Daalen le relève : "il est extrêmement difficile de nier que le tombeau était vide sur une base historique ; ceux qui le font s'appuient sur des suppositions théologiques ou philosophiques" {17}.
- Point n° 3 : *À de multiples occasions et sous des circonstances variées, des individus et des groupes différents ont vu Jésus vivant.* C'est un fait universellement acquis par les érudits actuels du Nouveau Testament. Même Gert Lüdemann, le plus éminent critique contemporain de la résurrection l'admet : "il peut être historiquement acquis que Pierre et les disciples ont connu plusieurs expériences après la mort de Jésus, par lesquelles Jésus leur est apparu comme le Christ ressuscité" {18}.
- Enfin, point n° 4 : *Les premiers disciples ont cru que Jésus était ressuscité d'entre les morts alors qu'ils n'avaient aucune raison de le croire.* Tout les prédisposait au contraire. C'est un fait indéniable de l'histoire que les premiers disciples ont cru, proclamé le fait de la résurrection de Jésus, et étaient prêts à mourir pour ce fait. C.F.D. Moule, de l'université de Cambridge, conclut que nous avons ici une croyance qui ne s'explique par aucune influence historique antérieure – en dehors de la résurrection proprement dite {19}.

Ainsi, tout historien sérieux qui voudrait rendre compte de ces faits, doit d'abord traiter chacun d'entre eux : la mise au tombeau officielle de Jésus, la découverte du tombeau vide, son apparition après sa mort, et l'origine indépendante de la croyance des disciples en sa résurrection, et donc, du christianisme lui-même. Je dois souligner que ces quatre faits ne représentent pas les conclusions d'érudits conservateurs [c'est-à-dire croyants que le témoignage de la Bible est vrai, N.D.A.]. Les citations ne proviennent pas de cette école de pensée. Elles représentent plutôt la perspective majoritaire de l'érudition du Nouveau Testament. La question qui se pose à nous est la suivante : comment expliquer ces points ?

JÉSUS EST VRAIMENT RESSUSCITÉ !

Cela place le critique sceptique dans une situation plutôt désespérée. Par exemple, j'ai débattu avec un professeur de l'université de Californie, à Irvine, sur l'historicité de la résurrection de Jésus. Il avait fait de ce sujet sa thèse de doctorat, et il possédait une connaissance étendue des arguments. Il ne pouvait nier les faits de la mise au tombeau officielle de Jésus, la découverte du tombeau vide, ses apparitions après sa mort, et l'origine indépendante de la croyance des disciples en sa résurrection. Il lui fallait impérativement trouver une explication alternative à ces faits. C'est ainsi qu'il suggérera que *Jésus avait un frère jumeau inconnu*, dont il aurait été séparé à la naissance et qui serait revenu à Jérusalem juste au moment de la mort, pour voler le corps de Jésus et le sortir de la tombe, et pour se présenter lui-même à ses disciples, qui auraient ainsi cru que Jésus était ressuscité des morts ! Je ne vous donnerai pas le détail de ma réponse, mais je crois que cette théorie est révélatrice du désespoir des sceptiques. C'est à de telles hypothèses qu'ils sont astreints pour nier l'historicité de la résurrection de Jésus. En fait, les preuves sont si puissantes que l'un des plus éminents théologiens *juifs* contemporains, Pinchas Lapide, s'est déclaré convaincu, à partir des arguments, que le Dieu d'Israël avait ressuscité Jésus d'entre les morts ! {20} »

ET ALORS ?

L'enjeu est de taille. Observez comment Jésus décrit son lien avec le Père :

> *« Jésus s'écria : Celui qui croit en moi, croit, non pas en moi, mais en celui qui m'a envoyé ; et celui qui me contemple, contemple celui qui m'a envoyé. Moi, la lumière, je suis venu dans le monde, afin que quiconque croit en moi ne demeure pas dans les ténèbres. Si quelqu'un entend mes paroles et ne les garde pas, ce n'est pas moi qui le juge, car je suis venu non pour juger le monde, mais pour sauver le monde. Celui qui me rejette et qui ne reçoit pas mes paroles, a son juge : la parole que j'ai prononcée, c'est elle qui le jugera au dernier jour. Car mes paroles ne viennent pas de moi ; mais le Père, qui m'a envoyé, m'a*

commandé lui-même ce que je dois dire et ce dont je dois parler. Et je sais que son commandement est la vie éternelle. Ainsi ce dont je parle, j'en parle comme le Père me l'a dit» (Jean 12:44-50).

SEUL UN MESSIE-DIEU PEUT TENIR DE TELLES PROMESSES

Comprendre qui est Jésus est fondamental pour bénéficier de la Vie qu'il accorde. Du texte qui précède on déduit ceci :

- Ce que l'on peut connaître de Dieu est visible en Christ. (Dieu est à l'image de la révélation qu'il donne en Jésus : sa douceur, son amour, sa sainteté, son jugement, etc.)
- Christ invite à une foi personnelle. Si « quelqu'un » entend et garde ses paroles ; ses promesses sont pour « quiconque » croit.
- La conséquence de cette foi est une vie, une vie éternelle.

VOTRE COMPRÉHENSION DU CHRIST A UNE PORTÉE ÉTERNELLE

Cette foi, cette vie, cette union à Dieu, est le sujet le plus important sur lequel vous ayez à vous prononcer. Et puisque Christ est ressuscité, l'espoir qu'il offre est assurance.

POURQUOI EST-CE IMPORTANT ?

PARCE QUE CHRIST SE MARIERA.

PARCE QUE VOUS ÊTES INVITÉ À REJOINDRE L'ÉPOUSE.

PARCE QUE L'ENJEU DE VOTRE RÉPONSE EST ÉTERNEL.

05

Les noces de Jésus

Jésus se mariera.

Un jour, le Christ épousera celle qu'il a choisie. Non, ce ne sera pas Marie-Madeleine. Elle fera partie de l'Épouse, mais elle ne sera pas l'Épouse à elle seule.

Le dernier livre de la Bible, l'Apocalypse, décrit l'histoire future de notre terre. Il dépeint des périodes troubles, remplies de la violence des hommes et du jugement de Dieu. Il affirme aussi l'assurance que cette violence prendra fin. Dieu établira son règne, et l'harmonie à laquelle nous aspirons sera réalité. Parmi ces événements, l'un des plus heureux correspond aux noces du Christ :

> *« Et du trône partit une voix. – Louez notre Dieu, disait-elle, vous tous ses serviteurs et vous qui le révérez, petits et grands. Et j'entendis comme la voix d'une foule immense, semblable au bruit de grandes eaux et au grondement violent du tonnerre. Elle disait Alléluia ! Loué soit Dieu ! Car le Seigneur, notre Dieu tout puissant, est entré dans son règne. Réjouissons-nous, exultons d'allégresse et apportons-lui notre hommage. Voici bientôt les* **noces de l'Agneau**. *Sa* **fiancée** *s'est préparée. Et il lui a été donné de s'habiller d'un lin pur éclatant.*

Ce lin représente les actions justes de ceux qui appartiennent à Dieu. L'ange me dit alors : – Écris : **Heureux les invités au festin des noces de l'Agneau**. *Et il ajouta : – Ce sont là les paroles authentiques de Dieu» (Apocalypse 19:5-9, Semeur – souligné par l'auteur)*

LA BIBLE ANNONCE LE MARIAGE FUTUR DE JÉSUS

L'Agneau, c'est Jésus-Christ, qui « enlève le péché du monde » (Jean 1:29, Semeur). La fiancée, ce sont ceux et celles habillés d'un vêtement blanc, symbole de pureté. Ce sont ceux et celles qui se sont unis à Christ et qui le reflètent par leur vie.

Dans ce chapitre, j'ai inséré quelques témoignages, glanés parmi les membres de l'église que je fréquente. Ils illustrent des chemins différents qui ont mené ces individus au « mariage de Jésus ».

L'IMAGE DES NOCES

Il est fréquent que la Bible désigne par un mariage la relation entre Dieu et les siens. Le prophète Ésaïe décrit le peuple d'Israël sous les traits d'une épouse : « comme un jeune homme devient l'époux d'une vierge, ainsi tes fils deviendront pour toi comme des époux ; et comme la fiancée fait la joie de son fiancé, ainsi tu feras la joie de ton Dieu » (Ésaïe 62:5). Jérémie, quant à lui, se lamente de l'infidélité du peuple à l'égard de son Dieu : « oui, comme une femme trahit son amant, vous m'avez trahi, maison d'Israël » (Jérémie 3:20).

Le Nouveau Testament emploie la même image : Christ est l'Époux (Matthieu 9:15 ; Jean 3:29) et l'Église est l'Épouse (2 Corinthiens 11:2 ; Apocalypse 19:7 ; 21:2, 9 ; 22:17). Connaître Christ, s'unir à Christ, c'est se laisser épouser par Lui. Accepter sa demande en mariage et signer en sa faveur. Suivre Dieu ne correspond pas à l'idée qu'on s'en fait souvent : « avoir été baptisé en tant que nourrisson » ou « aller à l'église les dimanches » ou « se remplir la vie d'interdits ». La vie chrétienne est comme un mariage, avec ses étapes :

- Les *fiançailles*, où un homme et une femme apprennent à se connaître et approfondissent leur relation.
- La signature d'un *contrat de mariage* – d'autres cultures utilisent d'autres symboles. C'est un engagement formel qui établit les droits et les devoirs de chacun.
- Une *vie commune*. Un homme et une femme apprennent à s'encourager, se soutenir – se supporter parfois – gérer des projets communs. Ils meurent un peu à eux-mêmes pour le bien-être de leur conjoint et de leurs enfants. L'amour et le service mutuels se développent.

En choisissant l'image du mariage, Dieu nous invite à une démarche similaire :

- Les *fiançailles* : la Bible est une invitation à la communion avec Christ, qui propose aux hommes de « naître de nouveau » (Jean 3:1-5), de connaître le bonheur de marcher selon lui (Matthieu 5:1-12) ; une invitation à prendre connaissance de ce que Dieu est : « goûtez et constatez que l'Éternel est bon ! Oui, heureux l'homme qui trouve son refuge en lui » (Psaume 34:8, Semeur) et de ce qu'il propose : « car Dieu a tant aimé le monde qu'il a donné son Fils unique, afin que quiconque croit en lui ne périsse pas, mais qu'il ait la vie éternelle. Dieu, en effet, n'a pas envoyé son Fils dans le monde pour juger le monde, mais pour que le monde soit sauvé par lui » (Jean 3:16-17). Chaque homme peut explorer par lui-même les évangiles pour observer qui est Jésus et comprendre son appel.

- Le *mariage* (un engagement) : c'est le moment où une personne comprend cette invitation et la saisit personnellement. Elle accepte intérieurement cette parole, faisant d'elle un enfant de Dieu (Jean 1:12) ; elle change de perspective et se convertit à Dieu (Actes 3:19), elle expérimente un changement radical, de l'intérieur (2 Corinthiens 5:17).
- La *vie commune* : dans l'Ancien comme dans le Nouveau Testament, le plus grand commandement est d'aimer Dieu de tout son cœur (Deutéronome 6:5 ; Matthieu 22:37) ; développer une marche qui plaise à Dieu (1 Thessaloniciens 2:12 ; Colossiens 1:10) parce que c'est précisément le meilleur qu'une vie puisse offrir (Jean 10:10 ; Jérémie 2:13). En d'autres termes, ce mariage bouleverse sa manière de vivre.

Le mariage offre un autre parallèle intéressant. En épousant une femme, un homme exclut les autres. Il se consacre pleinement à celle qu'il aime. Le passage d'Apocalypse cité plus haut, est précédé de l'image d'une autre femme, la « grande prostituée » (Apocalypse 17 à 18, et 19:2). Elle symbolise un système mondial incarnant toute la débauche spirituelle et morale des hommes. Cette femme est jugée, éloignée à jamais de la beauté et de la pureté de Dieu.

CHANTAL, UNE SOIF D'INTIMITÉ

Chantal rentre discrètement dans l'église. Mais nous ne sommes pas nombreux, et ses cheveux rouge orange rendent la discrétion difficile ! Avec mon épouse, nous nous lions rapidement d'amitié. Elle est douce, gentille, attentionnée.
Chantal vit avec Saïd. C'est le dernier d'une longue liste. Elle recherche l'Amour – une poursuite éperdue, toujours trahie. Elle apprend que son frère est devenu chrétien, et qu'il a une relation profonde et personnelle avec Dieu. Elle ne comprend pas ce que cela veut dire, mais elle voit en lui des changements. Davantage d'amour, de paix. Un jour, son frère lui indique une église où on enseigne la Bible, comme dans son église à lui. Un dimanche, Chantal décide de s'y rendre, juste pour voir ce que c'est.
Je suis en plein milieu d'une série de prédications sur la famille, l'unité du couple, l'amour pour les enfants… Une série qui répond à cette attente intérieure ; elle est bouleversée. Ce jour-là, elle déjeune avec nous ; elle veut découvrir ce que Dieu veut faire d'une vie. Il y a un déclic. Une envie profonde de ce Dieu de l'évangile.

L'après-midi même, nous nous agenouillons, et Chantal exprime son désir d'être pardonnée, de connaître Jésus, de vivre sa vie pour Lui. Elle se relève et nous lance, souriante : « Je me sens toute joyeuse dedans ! »
C'est un peu comme si l'Amour tant cherché était venu dans ce souffle de Dieu, le souffle d'un renouveau, d'une nouvelle naissance. D'un « mariage » avec Dieu qui rassasie les attentes les plus profondes du cœur.[90]

Ainsi, toute personne est soit membre de l'Épouse de Christ, soit de cette autre « maîtresse spirituelle ». Être marié à un autre amant spirituel que Jésus-Christ, c'est vouloir entrer dans la salle de noces, et trouver porte close (cf. Matthieu 25:1-13), s'entendre dire « vraiment, je vous l'assure : je ne sais pas qui vous êtes » (Matthieu 25:12, Semeur).

TOUT HOMME EST INVITÉ À RÉPONDRE

Beaucoup de gens croient en Dieu. Beaucoup se sont convaincus que leur croyance approximative est suffisante. Pourtant, le chemin que Dieu trace est précis et exigeant.

L'IMAGE D'UN SAUVETAGE

Le « mécanisme » qui permet aux hommes de connaître Dieu est admirablement résumé par ces phrases de l'apôtre Paul :

> *« Tous ont péché, en effet, et sont privés de la glorieuse présence de Dieu, et ils sont déclarés justes par sa grâce ; c'est un don que Dieu leur fait par le moyen de la délivrance apportée par Jésus-Christ. C'est lui*

que Dieu a offert comme une victime destinée à expier les péchés, pour ceux qui croient en son sacrifice» (Romains 3:23-25).

LA NOTION DE «PÉCHÉ»

«Tous ont péché, en effet, et sont privés de la glorieuse présence de Dieu…»

Deux compréhensions essentielles préparent le chemin de ce sauvetage : l'universalité du péché, et la séparation d'avec Dieu qui en résulte.

JOËL, RÉTABLISSEMENT INTÉRIEUR

À cause d'un virus attrapé quand il était enfant, Joël est handicapé. Il a un buste d'homme et des jambes de la taille d'un enfant de huit ans, incapables de le soutenir. Je le laisse raconter son cheminement.

« Je suis né dans une famille antillaise. Dans cette culture, le catholicisme est mélangé aux spiritualités locales (vaudou, sorcellerie africaine et chamanisme). Le spirituel est partout présent et touche tous les domaines de la vie… Il n'est pas rare d'entendre parler d'apparitions de Marie ou de personnages du folklore occulte.

Je me souviens de ma grand-mère demandant au prêtre qui officiait à l'hôpital de Garche, où j'étais hospitalisé, de m'intégrer au groupe des invalides allant à Lourdes. Je me souviens encore de cette eau gelée dans laquelle j'ai été plongé trois fois pour être guéri. Je me souviens aussi d'un «guérisseur» qui m'obligea à me suspendre à un comptoir de bar, les jambes dans le vide, pendant qu'il faisait son numéro. Après quelques minutes, ne voyant aucune amélioration, il dit à ma grand-mère que je n'avais aucune volonté. Je vous épargne la déception. Je crois qu'il était à mille lieux de soupçonner la rage de guérir qui était en moi.

Curieuse, ma vie. Ne sachant pas comment ma mère était tombée enceinte, la même grand-mère qui manifesta tant d'amour quelques années plus tard, m'emmena en bord de mer pour m'enterrer dans le sable jusqu'au cou, afin que je meure noyé à la marée montante – n'étais-je pas le fils d'un démon ? Qui, me voyant à l'aube de mes jours, aurait parié sur mon avenir ? Qui aurait pu dire que je ferais partie de la plus noble des familles ? Que je serais membre de la famille divine ?

Tout a commencé une fin d'après-midi du mois de mai 1989. Il faisait doux ce jour-là. J'entendis un homme m'interpeller : il voulait me parler de Jésus-Christ.

À son invitation, je suis allé à plusieurs réunions de son église. Il y avait beaucoup de monde. Ils priaient, chantaient, et semblaient connaître un Dieu vivant.

Un chant m'a bouleversé :

(1) Quand j'ai vu tes mains guérir tant de malades ; quand j'ai vu tes mains qui rompaient du pain, pour nourrir tout autour de toi des milliers d'hommes.
Refrain : Seigneur, en retour reçois mon amour ! Seigneur, en retour reçois mon amour !
(2) Quand j'ai vu tes pieds saigner de partout ; quand j'ai vu tes pieds percés par le clou, pour sauver tout autour de toi des milliers d'hommes. (refrain)
(3) Quand j'ai vu tes yeux pleins de pleurs, de larmes ; quand j'ai vu tes yeux au regard d'amour, pardonner tout autour de toi, des milliers d'hommes. (refrain)
(4) Et quand j'ai vu ton corps tout meurtri de coups ; quand j'ai vu ton corps vivant malgré tout, ressusciter pour toujours des milliers d'hommes. (refrain)
C'était donc ça, ce que Jésus avait fait pour les hommes ! Ces amis me donnèrent une Bible, que je me suis empressé de lire. J'ai alors réalisé mon besoin de Christ, de sa présence et de son pardon. Lorsque j'ai accepté personnellement Christ comme Sauveur, j'ai découvert la richesse insoupçonnée d'une vie avec Dieu. »

C'est l'une des constances de notre humanité. Nous l'admettons avec peine, tellement notre orgueil s'y refuse. Le mal – qui se révèle souvent dans notre égoïsme – est une réalité quotidienne. Notre amour est terne et fluctuant, nos émotions oscillent, nos propos peuvent être sévères et blessants. C'est cela que la Bible nomme « péché ». Un manquement, une déviation de la perfection que le Créateur veut que nous vivions. Car c'est devant Dieu que nous sommes pécheurs. Nous nous comparons favorablement aux autres, et nous pensons que finalement, nos fautes ne sont pas si graves. Pour Dieu, elles sont graves et elles nous séparent de sa présence, de sa gloire. Dieu affirme que nous sommes tous dans une situation similaire, quelle que soit la taille du mal – le criminel du Bronx, le mari infidèle ou le religieux hypocrite qui n'aurait qu'une spiritualité de façade. Jacques, dont nous retrouvons la lettre dans le Nouveau Testament, écrit : « En effet, celui qui désobéit à un seul commandement de la Loi, même s'il obéit à tous les autres, se rend coupable à l'égard de toute la Loi » (Jacques 2:10, Semeur). Nous aimons classer les hommes : les criminels, tout en bas, et les gens « biens » tout en haut. Cependant, vu du ciel, le relief s'estompe : les creux et les sommets ne sont finalement pas si contrastés. Aux yeux de Dieu, les « grands » pécheurs ne sont pas très éloignés des « petits » pécheurs.

UN FOSSÉ NOUS SÉPARE DE DIEU

Il en résulte une séparation complète et éternelle entre Dieu et les hommes (cf. en Matthieu 25:46). « Le salaire du péché, c'est la mort » écrit Paul (Romains 6:23).

C'est aussi triste que formidable. Triste parce que personne n'aime reconnaître sa faiblesse et sa faute. Formidable parce que Dieu offre à tous la même possibilité : le criminel du Bronx, le mari infidèle ou le religieux hypocrite qui n'aurait qu'une spiritualité de façade. Chacun a la même opportunité de saisir la grâce que Dieu propose.

LA NOTION DE « GRÂCE »

« … et ils sont déclarés justes par sa grâce ; c'est un don que Dieu leur fait… »

Aux yeux de Dieu, le péché est un mur si haut qu'il est infranchissable. Les hommes ont beau essayer de le grimper – par des bonnes œuvres, par de multiples initiations, par la connaissance, par des prières, par des offrandes, par la souffrance – leurs efforts ressemblent à ceux de l'enfant qui veut atteindre la lune en empilant des chaises. C'est peine perdue.

DIEU OFFRE LE MOYEN DE FRANCHIR CE FOSSÉ

La vie avec Dieu ne se mérite pas. Elle se reçoit. Elle est gratuite. C'est une réponse confiante au cadeau que Dieu fait. L'apôtre Paul écrit : « car c'est par la grâce que vous êtes sauvés, par le moyen de la foi. Cela ne vient pas de vous, c'est un don de Dieu ; ce n'est pas le fruit d'œuvres que vous auriez accomplies. Personne n'a donc de raison de se vanter » (Éphésiens 2:8-9, Semeur). Ainsi, Dieu accorde gratuitement le moyen de parvenir à lui. Il n'y a pas d'œuvres à accomplir, pas de mérites à présenter.

Je suis pasteur depuis une quinzaine d'années. Au travers des centaines de rencontres ou d'entretiens que j'ai eus, il m'est apparu que l'une des émotions les plus fréquentes et les plus négatives est celle de la culpabilité. Beaucoup souffrent profondément de ne pouvoir revenir en arrière pour effacer une parole, une décision ou un geste déplacé. Le mal que nous avons fait est irrévocable, creusant dans nos mémoires et notre entourage une vive douleur. C'est à ce besoin précis que répond l'évangile. « Maintenant donc, il n'y a plus de condamnation pour ceux qui sont unis à Jésus-Christ » renchérit l'apôtre Paul (Romains 8:1, Semeur). Tout homme peut recevoir gratuitement les vêtements blancs des noces de Jésus.

LA NOTION DE SACRIFICE

« ...par le moyen de la délivrance apportée par Jésus-Christ. C'est lui que Dieu a offert comme une victime destinée à expier les péchés, pour ceux qui croient en son sacrifice. »

Le salut nous est offert parce que quelqu'un d'autre a payé le prix de nos fautes. Poussé par l'amour, Dieu a conçu un plan pour que les femmes et les hommes qui en comprendraient le sens puissent en bénéficier. Ce plan prévoit que Dieu lui-même, en la personne de Jésus, prendrait forme humaine, devenant un pont parfait entre Dieu et les hommes (cf. 1 Timothée 2:5). Lorsqu'il meurt sur la croix, il est chargé des fautes des hommes (cf. 1 Jean 2:2), et il paye à la place de ceux qui répondraient à son invitation (cf. 2 Corinthiens 5:21). L'apôtre Pierre déclare : « le Christ lui-même a souffert la mort pour les péchés, une fois pour toutes. Lui l'innocent, il est mort pour des coupables, afin de vous conduire à Dieu. Il a été mis à mort dans son corps mais il a été ramené à la vie par l'Esprit » (1 Pierre 3:18, cf. 2:24, Semeur).

CHRIST EST LE PONT QUI PERMET D'ACCÉDER À DIEU

C'est une sorte de transaction qui a lieu : je lui donne par la foi la crasse de mon péché et je reçois par la foi la justice de son pardon. Il est mort à ma place pour que je vive en lui.

LE SAUVETAGE DE FRANCIS

Une belle histoire permettra de mieux comprendre.

Francis Gajowniczek était prisonnier à Auschwitz quand un détenu réussit à s'évader. Pour dissuader de telles évasions, le commandant du camp se saisissait automatiquement de dix hommes pris au hasard et les laissait mourir de faim. Quand Gajowniczek entendit prononcer son nom, il soupira : « Ma femme et mes enfants ! » Maximilien Kolbe l'entendit. Il était juste à côté. Prêtre franciscain et compagnon de détention, il s'avança et dit : « Je souhaite mourir à sa place. Je n'ai ni femme ni enfants ». Le commandant accéda à sa requête.

Gajowniczek a été sauvé d'une fin terrible, par le sacrifice héroïque et généreux d'un autre. Belle représentation du sacrifice de Christ qui meurt à la place de ceux qui voudraient bénéficier de son salut.

R.S.V.P.

La Bible se termine par une invitation à venir à Christ : « et l'Esprit et l'Épouse disent : – Viens ! Que celui qui entend ces paroles dise : – Viens ! Que celui qui a soif vienne. Que celui qui veut de l'eau de la vie la reçoive gratuitement » (Apocalypse 22.17, Semeur).

L'invitation est chaleureuse. Elle s'adresse à tous ceux qui ont soif de Dieu, soif de Vie. Aux « desséchés » qui désirent une Vie spirituelle qui étanche leurs attentes. À celui qui cherche une spiritualité qui ne le place pas dans une course contre lui-même pour obtenir davantage de connaissances, de sensations, d'œuvres interminables, ou qui exigerait de lui la souffrance pour payer son péché.

L'eau de la Vie est disponible.

FLORIAN, DU CHRISTIANISME À UNE FOI PERSONNELLE

C'était plutôt rare. Une belle Suzuki de la série *Intruder* venait de faire son entrée sur le parking de l'église. Le chrome généreux aboutissait en phares à l'avant, et entourait par l'arrière un pot d'échappement singulier, au bruit sourd et régulier. Son pilote arborait de longues moustaches tombantes qui encadraient un sourire généreux. Ses vêtements gothiques collaient bien avec sa passion du hard rock

– son groupe a même connu des moments de gloire. Son attirail Black Metal contrastait un peu avec le monde des hautes études commerciales qu'il fréquentait. Tout droit venu de Berlin, il venait de garer son engin parmi les véhicules décidément plus sages des gens de notre église. Florian était protestant. « Baptisé » quand il n'était qu'un nourrisson, il était très engagé dans son église.
L'accueil chez nous avait été suffisamment plaisant pour qu'il souhaite revenir.
Au fil des dimanches, des amitiés se sont forgées. Au fil des discussions, le message de l'évangile devenait plus clair. Il réalisait progressivement qu'être né protestant n'avait pas fait de lui un chrétien au sens biblique du terme. Ni même sa fréquentation assidue de l'église. Il comprit que le message du Christ était à saisir personnellement.
Il fit l'expérience éblouissante de la nouvelle naissance…
Quelques semaines plus tard, son sourire avait la même chaleur. Mais il y avait un petit quelque chose d'autre. Je ne sais pas vraiment le définir.
Invité à jouer de la guitare au mariage d'un membre de l'église, il portait encore des bottes pointues, serties de métal. Une ceinture cloutée plaquait sur ses hanches son plus beau pantalon – en cuir. Des mains expertes pinçaient des cordes de guitare au rythme des cantiques. Je ne pus m'empêcher de sourire en apercevant plusieurs bagues liées au poignet par des chaînettes… Un reste de ses spectacles ?
Le contraste était fort. C'est l'intérieur, son cœur, qui avait changé.
Une nouvelle manière de concevoir la vie.
Le même homme en apparence. Si différent pourtant. Il rayonnait. Le blouson noir était encore sur ses épaules. Mais Florian exhalait quelque chose de spirituel.
Pas une norme extérieure. Pas un clonage culturel. Pas une culture "évangélique".
Il vivait avec Christ. Une foi vibrante, personnelle, rayonnante.

Il s'agit de ne pas se tromper sur la source de l'espérance. D'un côté le Jésus de Dan Brown, bonhomme insignifiant et finalement imposteur. D'un autre le Jésus de l'Écriture, qui révèle Dieu, et en ouvre l'accès : « le chemin, répondit Jésus, c'est moi, parce que je suis la vérité et la vie. Personne ne va au Père sans passer par moi » (Jean 14:6, Semeur).

Vous pouvez connaître beaucoup de choses sur Christ, sans faire partie de sa famille. Vous pouvez croire qu'il existe, ou même croire qu'il est Dieu. Vous pouvez même croire qu'il est ressuscité, à l'instar de ce rabbin qui écrit : « j'accepte la résurrection de ce dimanche de Pâques, non comme l'invention d'une communauté de disciples, mais comme un événement historique » [91], sans pour autant épouser Christ personnellement.

LA VIE DE CHRIST EST PROPOSÉE, PAS IMPOSÉE

L'invitation lancée en Apocalypse est à remplir. Comme le mariage, elle demande une signature, celle d'une vie. Il ne s'agit pas de croire *en* Jésus, mais de *le* croire dans ses promesses, le croire dans son identité, lui disant notre confiance en son œuvre, lui demandant sa présence dans nos cœurs. Dieu nous change alors de l'intérieur : « celui qui est uni au Christ est une nouvelle créature : ce qui est ancien a disparu, voici : ce qui est nouveau est déjà là » (2 Corinthiens 5:17, Semeur).

« Et l'Esprit et l'Épouse disent : – Viens ! Que celui qui entend ces paroles dise : – Viens ! Que celui qui a soif vienne. Que celui qui veut de l'eau de la vie la reçoive gratuitement » (Apocalypse 22:17, Semeur).

POUR ALLER PLUS LOIN

www.editionscle.com pour réagir à ce livre, poser des questions à l'auteur ou obtenir des informations supplémentaires (sur l'étoile de David, le *Hieros Gamos*, etc.)

RÉFÉRENCES BIBLIOGRAPHIQUES

1 O'CONNOR John D., « I'm the Guy They Called Deep Throat », *Vanity Fair*, juillet 2005, p. 86-133, disponible sur <*www.vanityfair.com*> (consulté le 4 juin 2005).

2 SALLES Alain, « Watergate, "Gorge profonde", l'impossible scoop », *Le Monde*, édition du 4 juin 2005, disponible sur <*http://www.lemonde.fr/web/article/0,1-0@2-3230,36-657895@51-633431,0.html*> (consulté le 7 juin 2005).

3 *Ibid.*, cf. HAVILL Adrian, *Deep Truth, The Lives of Bob Woodward and Carl Bernstein*, s.l., Carol Publishing Corporation, 1993.

4 ARMSTRONG Ruth « Da Vinci author is hit by fresh plagiarism claim », in *Scotsman.com*, 12 janvier 2005, disponible sur <*http://news.scotsman.com/uk.cfm?id =42132005*> (consulté en juin 2005).

5 BROWN Dan présente Pierre en « sexiste forcené » in *Da Vinci Code*, Paris : Lattès, 2004, p. 310.

6 *Ibid.*, p. 317, 310.

7 *Ibid.*, p. 9, souligné par l'auteur.

8 Interview réalisée par MORRIS Edward « Explosive new thriller explores secrets of the church », *BookPage.com*, 2003, disponible sur <*http://www.bookpage.com/0304bp/dan_brown.html*> (consulté en juin 2005).

9 BURNET Régis, *Marie-Madeleine, de la pécheresse repentie à l'épouse de Jésus*, Paris : Éditions du Cerf, 2004, p. 114-115.

10 cf. la Cène de Domenico Ghirlandaio.

11 FREY Thierry, « Livre Da Vinci code contre essai original sur La cène de Léonard de Vinci », disponible sur <*http://www.medito.com/article653.html*> (consulté en juin 2005).

12 BYRNES Sholto, « "Da Vinci Code" fans line up to study art history », *The Independent*, 19 juin 2005, disponible sur <*http://enjoyment.independent.co.uk/books/news/article226429.ece*> (consulté en juin 2005).

13 BROWN Dan, *Op. Cit.*, p. 388.

14 Ibid., p. 427.

15 Ibid., p. 307, 312.

16 Extraits de *Être une femme*, de Michel Sardou et Pierre Delanoë, 1981.

17 « Marie / 3. Marie-Madeleine », *Nouveau Dictionnaire Biblique Emmaüs*, in La Bible OnLine, Version Prémium, Lyon : Éditions CLÉ, 2004.

18 BURNET Régis, *Op. Cit.*, p. 32.

19 « La vie amoureuse de Jésus », *Historia mensuel*, N° 699, p. 62 ; disponible sur <*http://www.historia.presse.fr/data/mag/699/69906201.html*> (consulté en juin 2005).

20 cf. BAIGENT Michael, LEIGH Richard, LINCOLN Henry, *L'énigme sacrée*, Paris : Pygmalion, 1997.

21 A. DE BOER Esther, *The Gospel of Mary: Beyond a Gnostic and a Biblical Mary Magdalene*, London: T&T Clark International, 2004, p. 178.

22 JUSINO R.K., « Mary Magdalene: Author of the Fourth Gospel ? », 1998, disponible sur <*http://ramon_k_jusino.tripod. com/ magdalene.html*> (consulté en mai 2005).

23 BONNET Jacques, *Marie-Madeleine et son mystère*, Roanne : Jacques Bonnet, 1988, p. 74.

24 Disponible sur < *http://northenway.org/school/omm.html* > (consulté en juin 2005), cité par BURNET R., *Op. Cit.*, p. 105. Voir la recension du développement de ces mythes en Burnet, p. 83-107.

25 JOSÈPHE Flavius, *Antiquités juives*, 18.1.5.20-21 et *La guerre des Juifs*, 2.8.2.121-122. Josèphe F. est un chroniqueur du 1er siècle de notre ère.

26 ETCHEGOIN Marie-France, « Non, Jésus ne couchait pas avec Marie-Madeleine », *Le Nouvel Observateur*, semaine du jeudi 9 septembre 2004 – n° 2079, disponible sur <*http://permanent.nouvelobs.com/*> cf. archives (consulté en juin 2005).

27 L. BOCK Darrell, *Breaking the Da Vinci Code*, Nashville, Tenn. : Nelson, 2004, p. 27. L'auteur fait référence à l'Évangile selon Philippe.

28 *Ibid.*, p. 42.

29 C'est moi qui souligne.

30 C'est moi qui souligne.

31 C'est moi qui souligne.

32 C'est moi qui souligne.

33 BROWN Dan, *Op. Cit.*, p. 288-289.

34 C'est-à-dire une personne « née de nouveau », un disciple personnel de Jésus-Christ. Cf. dernier chapitre pour plus de détails.

35 Clément de Rome (en 96 apr. J.-C.) écrit en citant abondamment l'apôtre Paul et la lettre aux Hébreux. Toutes ses citations proviennent des 27 livres du N.T. L'Épître de Barnabas (130 apr. J.-C. env.) cite une phrase de Matthieu en la précédant d'un « il est écrit », plaçant l'apôtre au même rang qu'un auteur de l'Ancien Testament. Polycarpe (vers 115) cite abondamment le Nouveau Testament. Papias (130 à 140) nomme les auteurs des évangiles. Justin Martyr (IIe siècle) rapporte que chaque dimanche, les chrétiens lisaient les évangiles et les écrits des apôtres au même titre que les livres des prophètes de l'Ancien Testament.

36 WAYNE HOUSE H., *Chronological and Background Charts of the New Testament*, Grand Rapids, Mich.: Zondervan, 1981, p. 23.

37 À titre d'exemple des modifications théologiques qu'il fait subir au texte : « Marcion supprime p. ex. tout le chapitre 4 de Romains (justification par la foi d'Abraham) ; dans beaucoup d'autres passages, il arrive à un renversement complet du sens par des modifications minimes de la formulation. C'est ainsi qu'en Ga 1:1 il omet les mots *kai theou patros* [et Dieu le Père] de sorte que Jésus Christ n'est pas ressuscité par Dieu le Père, mais qu'il s'est ressuscité lui-même. Ce qui correspond à une opposition sous-jacente entre le Dieu de l'A.T., créateur (imparfait) du monde mauvais, et le Dieu "inconnu" de la grâce révélé par le Christ ». CONZELMAN Hans, LINDEMANN Andreas, *Guide pour l'étude du Nouveau Testament*, Genève : Labor & Fides, 1999, p. 66.

38 BAUER J.B., *Les apocryphes du Nouveau Testament*, Paris : Éditions du Cerf, 1973, p. 12-13.

39 Marc était le secrétaire de Pierre (selon Papias, Justin, Tertullien) ; Luc était le compagnon de Paul et a rédigé sous son autorité (Tertullien) ; Jacques et Jude faisaient partie des cercles apostoliques par leur qualité de demi-frères de Jésus, et leur responsabilité dans l'Église de Jérusalem (cf. Actes 15).

40 Augustin écrit : « Pour les Écritures canoniques, qu'il (le disciple) suive l'autorité des Églises catholiques les plus nombreuses, parmi lesquelles, certes, soient celles qui ont mérité d'avoir des sièges apostoliques et de recevoir des lettres apostoliques. Il tiendra donc cette façon de faire à l'égard des Écritures canoniques : qu'il place celles qui sont reçues par toutes les Églises catholiques avant celles que certaines Églises ne reçoivent pas ; pour celles qui ne sont pas reçues de toutes les Églises, qu'il place celles que reçoivent des Églises plus nombreuses et de plus grand poids avant celles qui sont retenues par des Églises moins nombreuses et d'une autorité moindre. Si enfin il trouve que certaines sont retenues par des Églises plus nombreuses, alors que certaines le sont par des Églises de plus grand poids, je pense que les unes et les autres doivent être prises comme ayant une égale autorité ». *De doctrina Christiana* (2, 8), in ALETTI J.-N. *et al.*, *Le Canon des écritures*, Paris : les Éditions du Cerf, 1990, p. 227.

41 PÉRÈS Noël, « Da Vinci Code. Un bon roman, un bon romancier » *Historia mensuel*, le 1er Mars 2005, n° 699, p. 40, disponible sur <*http://www.historia.presse.fr/data/mag/699/69904002.html*> (consulté en mai 2005).

42 Selon BAUER J.B., *Op. Cit.*, p. 18 et suiv.

43 L. BLOMBERG Craig, *Denver Journal, An Online Review of Current Biblical and Theological Studies*, Édition Internet, vol. 7, 2004, disponible sur <*http://www.denverseminary.edu/dj/articles2004/0200/0202.php*> (consulté en juin 2005).

44 L'une des sommités des écrits gnostiques écrit de l'Évangile selon Philippe : « Quant à la date, les hypothèses les plus variées ont été émises. Le début du IIIe siècle tiendrait le milieu entre elles ». JANSSENS Yvonne, *Évangiles Gnostiques Dans le Corpus de Berlin et dans la Bibliothèque Copte de Nag Hammadi*, Louvain, Belgique : Centre d'histoire des religions, 1991, p. 99. Plusieurs professeurs estiment que l'Évangile selon Thomas aurait été écrit fin IVes. début Ves., avec un texte primitif rédigé au plut tôt vers 140 apr. J.-C. (GUILLAUMONT A. *et al.*, *l'Évangile selon Thomas*, Paris : PUF, 1959, p. 140).

45 « Le premier livre contient l'*Apokryphon* ou *Livre secret de Jean*, le *Livre sacré du Grand Esprit Invisible*, l'*Épître d'Eugnoste le Bienheureux*, la *Sagesse*, ou *Sophia de Jésus*, le *Dialogue du Sauveur*. Dans un second livre (Doresse, livre XIIII) se trouve, entre autres écrits, l'*Évangile de la vérité*. Dans le troisième (Doresse, livre X), on a l'*Apokryphon* ou *Livre secret de Jean*, l'*Évangile de Thomas* et l'*Évangile de Philippe*, l'*Hypostase des Archontes*, une *Révélation* sans titre, l'*Exégèse sur l'âme*, le *Livre de Thomas*: paroles secrètes que le Sauveur aurait dites à Judas, Thomas, et Matthieu. Dans les autres livres se lisent divers apocalypses, lettres, traités hermétiques. Les titres ne permettent guère d'entrevoir le contenu effectif de ces écrits, ni même une table des matières, tant les idées curieuses qu'on y rencontre sont difficiles à résumer. » BAUER J.B., *Op. Cit.*, p. 32-33.

46 JANSSENS Yvonne, *Op. Cit.*, p. 285.

47 JANSSENS écrit même : « on hésiterait beaucoup à intituler "Évangile" ce texte de Nag-Hammadi (Cod. II, 3), si le manuscrit copte (du IVe s.) ne portait pas clairement, en toutes lettres, le colophon "L'Évangile selon Philippe", en grec ». JANSSENS Y., *Ibid.*, p. 97.

48 *Clio la Muse de l'Histoire* « Le Manichéisme », disponible sur <*http://perso.wanadoo.fr/spqr/manichei.htm*> (consulté en juin 2005).

49 MÉNARD Jacques E., *L'Évangile selon Philippe*, Thèse pour le Doctorat en Théologie, Strasbourg : Université de Strasbourg, 1967, p. 1.

50 BAUER J.B., *Op. Cit.*, p. 44. Bauer ajoute qu'il s'agit plus précisément de « la gnose valentinienne ».

51 Une copie de l'image est disponible sur différents sites Internet. Cf. <*http://www.gnosis.org/naghamm/nhl.html*> (consulté en juin 2005).

52 P. 65-Pl. III. Ligne 30 (§55), traduction de Jacques E. Ménard, in *L'Évangile selon Philippe*, p. 71.

53 L'original contient le grec des mots clés. Traduction de Jacques E. Ménard, *Ibid.*, p. 71.

54 DOUMERGUE Christian [Professeur documentaliste], « Marie-Madeleine, La Reine Oubliée » disponible sur <*http://www .marie-madeleine.com/interviewdoumergue01.html*> (consulté en juin 2005).

55 CAMBE Michel, « Le Christ dans les Évangiles apocryphes » disponible sur <*http://www.lejourduseigneur.com/detail.do?noArticle=824&noCat=25&id_key=25*> (consulté en juin 2005).

56 En plus de la date du manuscrit, sa théologie suppose un texte de cette date : « Cela laisserait soupçonner que l'écrit a pu naître dans des milieux de la *Pistis Sophia* ou du manichéisme, lesquels sont relativement tardifs ». MÉNARD J. E., *Op. Cit.*, p. 33. Voir également Craig Blomberg : « … même les érudits les plus libéraux sont d'accord pour dire qu'il s'agit d'un manuscrit de la fin du IIIe siècle issu des bibliothèques gnostiques. Ainsi, il ne contient rien de très historique ». L. BLOMBERG Craig, *Op. Cit.*, vol. 7, 2004, disponible sur <*http://www.denverseminary. edu/dj/articles2004/0200/0202.php*> (consulté en juin 2005).

57 WHEELER Pierre, *La Bible, ce livre extraordinaire*, Braine L'Alleud, Belgique : Éditeurs de littérature biblique, 1998, p. 33.

58 *Zondervan Pictorial Encyclopedia of the Bible*, édité par Merrill Tenney, Grand Rapids, Minn. : Zondervan Publishing House, Vol. 5, p. 698.

59 BAUER J.B., *Op. Cit.*, p. 55.

60 *Ibid.*, p 113.

61 « La différence fondamentale entre gnose et foi chrétienne concerne leur attitude par rapport au monde. Pour la gnose, le cosmos n'est pas la création du Père qui envoie le sauveur, mais c'est une puissance ennemie dont le moi demande à être délivré (*cf.* hymne des Naassènes ; texte dans LEISEGANG [cf. bibliographie] p. 98 ; cet hymne est cité par HIPPOLYTE, *Réfutation* V, X, 2). Dans la foi chrétienne, Jésus sauve l'être humain tout entier, sans le dissocier du monde créé par Dieu (*cf.* Jn 1:14 ; 3:16…). » CONZELMAN Hans, LINDEMANN Andreas, *Op. Cit.*, p. 250.

62 « Rien ne montre mieux cet état de fait [le reflet des goûts et préoccupations des rédacteurs] que l'ascèse décrite en ces textes. [note: cf. en particulier LEIPOLDT J., *Griechische Philosophie und frühchristliche Askese*, Berlin, 1961.] S'il est vrai que Jésus n'était pas marié, cependant, ni par l'exemple ni par ses paroles, il n'a recommandé le célibat comme idéal de vie. On a pu aller jusqu'à l'accuser de gloutonnerie et de beuverie. Sa vie fut dure, sans repos, sa mort violente ; mais il n'était pas un ascète au sens propre du terme. […] Les idées hostiles au corps, au mariage, proviennent du monde grec. Nous en souffrons aujourd'hui encore, tant nos récits pseudo-bibliques les ont inculquées à l'âme populaire. » BAUER, *Op. Cit.*, p. 115-116.

63 GUILLAUMONT A. *et al.*, *Op. Cit.*, p. 48. Le texte cité contient dans l'original quelques mots grecs que j'ai supprimés.

64 disponible sur <*http://www.alertes-meteo.com/catastrophe/animaux.htm*> (consulté en mai 2005).

65 IMBERT Jean, *Le Procès de Jésus*, Paris : PUF, collection « Que Sais-Je ? », 1980, p. 113. Souligné par l'auteur.

66 D'après BURTON Sarah, « Long to reign over US », *The Guardian*, 30 déc. 2000, disponible sur <*http://www.guardian.co.uk/Archive/Article/0,4273,4110736,00.html*> (consulté en mai 2005). Cf. BURTON Sarah, *Impostors: Six Kinds of Liar*, Londres: Penguin, 2001.

67 GOSCINNY René, MORRIS, *L'Empereur Smith*, Paris : Lucky Comics, 2000.

68 BROWN Dan, *Op. Cit.*, p. 291-293.

69 MORDILLAT Gérald, PRIEUR Jérôme, *Jésus après Jésus*, Paris : Éd. du Seuil, 2004, p. 31.

70 BAUDIN Frédéric, « La figure de Jésus aujourd'hui », *Revue Réformée*, n° 202 – 1er Janvier 1999, Tome XLX, disponible sur <*http://www.unpoissondansle.net/rr/9901/index.php?i=8*> (consulté en mai 2005).

71 C'est moi qui souligne.

72 C'est moi qui souligne.

73 C'est moi qui souligne.

74 Pour aller plus loin, je vous recommande vivement SCHROEDER Robert, *Le Messie de la Bible*, Braine l'Alleud, Belgique : éditeurs de littérature biblique, 1974.

75 Les associations que l'on trouve dans le Nouveau Testament (foi en Dieu/Christ, Église de Dieu/Christ, Parole de Dieu/Christ, Dieu/Christ sauveur, etc.) ou encore les titres (premier et dernier, alpha et oméga) qui s'appliquent autant à Dieu qu'à Christ. Sans parler d'œuvres uniques, telle que la Création (Colossiens 1:16) ; ou le fait qu'il ait accepté l'adoration (ex. Matthieu 14:33).

76 BROWN Dan, *Op. Cit.*, p. 291.

77 La liste provient du site de Vigi-sectes, « Les Témoins de Jéhovah et les pères de l'Église – Doit-on croire à la trinité ? » disponible sur <*http://www.vigi-sectes.org/tj/peres-de-l-eglise.html*> (consulté en mai 2005).

78 *2e épître aux Corinthiens* 1:1.

79 *Dialogue avec Tryphon*, 58 : 9 (voir aussi *Première apologie*, ch. 63).

80 *Contre les hérésies*, IV, 6 : 7; III, 19 : 2.

81 *Protreptique*, I, 7 : 1.

82 *Stromates* V.

83 *Apologie*, ch. XXI ; *Adv. Praxeam*, 27 : 11.

84 *Philosophoumena* 10 : 30.

85 TANNER Norman, *Conciles et Synodes*, Paris: Éditions du Cerf, 2000, p. 24.

86 « Au départ il était, semble-t-il la confession de foi utilisée dans le rite baptismal d'une Église locale particulière ; certains chercheurs pensent qu'il émane probablement de Jérusalem ou de Palestine (2a, Kelly, 1972, p. 205-230) et que divers termes et expressions anti-ariennes lui furent ajoutés, y compris le terme *homoousioos*, traduit par "consubstantiel" ou "de même nature", pour décrire la relation du Fils au Père. » *Ibid.*, p. 31-32.

87 Version orientale, disponible sur <*http://www.protestants.org/ faq/grandes_rel/htm/nicee.htm*> (consulté en mai 2005).

88 Pour la petite histoire, c'est lui qui baptisera Constantin sur son lit de mort. Il y avait entre les deux hommes un lien familial éloigné. Eusèbe de Nicomédie était doué en politique, et il avait cherché à asseoir ses convictions anti-trinitaires en tentant de convaincre Constantin. Si Constantin avait eu son mot à dire pour le symbole de Nicée, il serait allé dans le sens d'Arius. GONZALEZ Justo L., *The Story of Christianity*, vol. 1, San Francisco : Harper, 1984, p. 166.

89 Dr LANE CRAIG William « The Evidence For Jesus » *Leadership U*, 28 septembre 2003, disponible sur <*http://www.leaderu. com/offices/billcraig/docs/rediscover2.html*> [notes internes : {15} ROBINSON John A. T., *The Human Face of God*, Philadelphia: Westminster, 1973, p. 131. {16} KREMER Jakob, *Die Osterevangelien – Geschichten um Geschichte*, Stuttgart: Katholisches Bibelwerk, 1977, p. 49-50. {17} VAN DAALEN D. H., *The Real Resurrection*, London: Collins, 1972, p. 41. {18} LÜDEMANN Gerd, *What Really Happened to Jesus ?*, trans. John Bowden, Louisville, Kent.: Westminster John Knox Press, 1995, p. 80. {19} MOULE C. F. D., CUPITT Don, "The Resurrection: a Disagreement", *Theology* 75, 1972: 507-19.

90 Vous pourrez lire son récit dans le livre d'Alain Stamp, *Itinéraire Bis*, Lyon : Éditions Clé, 1997.

91 Lapide Pinchas, *The Resurrection of Jesus : A Jewish Perspective*, traduit par Wilhelm C. Linss, s.l., Wipf & Stock Publishers, March, 2002, p. 15.